À SOMBRA DA EDUCAÇÃO PERDIDA

Representações sociais sobre a terceirização da educação e suas consequências - pais, professores e famílias

Editora Appris Ltda.
1.ª Edição - Copyright© 2024 da autora
Direitos de Edição Reservados à Editora Appris Ltda.

Nenhuma parte desta obra poderá ser utilizada indevidamente, sem estar de acordo com a Lei nº 9.610/98. Se incorreções forem encontradas, serão de exclusiva responsabilidade de seus organizadores. Foi realizado o Depósito Legal na Fundação Biblioteca Nacional, de acordo com as Leis nos 10.994, de 14/12/2004, e 12.192, de 14/01/2010.

Catalogação na Fonte
Elaborado por: Dayanne Leal Souza
Bibliotecária CRB 9/2162

F138s 2024	Facco, Cristiély À sombra da educação perdida: representações sociais sobre a terceirização da educação e suas consequências – pais, professores e famílias / Cristiély Facco. – 1. ed. – Curitiba: Appris, 2024. 223 p. : il. ; 23 cm. Inclui referências. ISBN 978-65-250-6707-0 1. Educação. 2. Famílias – Aspectos sociais. 3. Representações sociais. I. Facoo, Cristiély. II. Título. CDD – 370

Livro de acordo com a normalização técnica da APA

Appris
editora

Editora e Livraria Appris Ltda.
Av. Manoel Ribas, 2265 – Mercês
Curitiba/PR – CEP: 80810-002
Tel. (41) 3156 - 4731
www.editoraappris.com.br

Printed in Brazil
Impresso no Brasil

Cristiély Facco

À SOMBRA DA EDUCAÇÃO PERDIDA

Representações sociais sobre a terceirização da educação e suas consequências - pais, professores e famílias

Curitiba, PR
2024

FICHA TÉCNICA

EDITORIAL	Augusto V. de A. Coelho
	Sara C. de Andrade Coelho
COMITÊ EDITORIAL	Marli Caetano
	Andréa Barbosa Gouveia (UFPR)
	Edmeire C. Pereira (UFPR)
	Iraneide da Silva (UFC)
	Jacques de Lima Ferreira (UP)
SUPERVISORA EDITORIAL	Renata C. Lopes
PRODUÇÃO EDITORIAL	Daniela Nazario
REVISÃO	Marcela Vidal Machado
DIAGRAMAÇÃO	Amélia Lopes
CAPA	Kananda Ferreira
REVISÃO DE PROVA	Jibril Keddeh

Dedico este livro a Deus e à espiritualidade de Luz, que me conduzem e guiam os meus caminhos, assim como a todas as pessoas que de alguma forma contribuíram para o desenvolvimento e a realização deste trabalho. Agradeço também à minha resiliência, que foi fundamental na concretização deste livro. Este é um sonho realizado que alegra profundamente o meu coração e alma.

A todos que alguma forma que contribuíram nesta caminhada, desenvolvimento e conclusão.

APRESENTAÇÃO

O livro *À sombra da educação perdida: representações sociais sobre a terceirização da educação e suas consequências - pais, professores e famílias* destaca a impotência e relevância da educação familiar, do conhecimento teórico e prático de escolas e professores e as representações sociais que trouxeram mudanças negativas e desastrosas aos valores da educação familiar, escolar e social.

Este livro foi construído por meio de pesquisas de campo em três escolas de Chapecó (SC): uma estadual, uma municipal e uma particular. Em conjunto com escola, gestores, professores e pais, o intuito é avaliar se a educação familiar foi terceirizada para as escolas e, se sim, quais representações sociais levam à transferência de responsabilidade e suas consequências.

Este livro vem ao encontro de nossa real necessidade de conhecimento e mudanças de postura sobre a educação e sua importância. Que possamos ter um novo olhar sobre a postura de educação familiar e o processo de ensino e aprendizado, que é escolar.

Boa leitura!

PREFÁCIO I

La creación de un libro siempre es un acontecimiento auspicioso, y más, cuando es producto de una investigación científica, particularmente cuando versa sobre el cumplimiento de una exigencia académica para la obtención de un doctorado. Un esfuerzo encomiable a lo largo de años donde se cruzan, y combinan, dudas, preguntas e incertidumbres con la puesta en acto de los pasos necesarios a recorrer, muchas veces por primera vez, con las vicisitudes de la vida personal, familiar y profesional.

En ese contexto, amplificado por los efectos del Covid-19 período que atravesó, se debe lograr un conocimiento nuevo en un campo disciplinar. En el caso de Dra. Cristiély Facco ha enriquecido la Psicología Social cruzando un verdadero proceso de resiliencia, donde el tránsito hacia el logro del propósito resultó una experiencia transformadora. Esta percepción es el paratexto invisible, que insinúa el trabajo, siendo posible ser sacado a luz por quien acompañó a Cristiély en esta empresa, con la invalorable colaboración de la Dra. Silvia Gonçalves de Almeida. También flota entre todos los que estuvieron cercas de ella de alguna manera. En la tesis de Cristiély el andamiaje del conocimiento, planteado y ajustado. Da cuenta de lo pensado en relación con la problemática de las representaciones sociales, sobre la educación tercerizada por directores, profesores y familias en Chapecó y sus consecuencias, para terminar con un avance en el conocimiento disciplinar. Para ello, el recorte propuesto es único y universal, donde aparecen claramente los niveles de abstracción que Giovani Sartori concibe, una teoría universal, en este sentido partiendo de las representaciones sociales que conectan directamente con la Psicología Social; una teoría del entorno educativo y una teoría del caso, donde se realizó el trabajo de campo en el Municipio de Chapecó, estado de Santa Catarina, Brasil, en establecimientos escolares, estatales y privados, a directivos, profesores y familias de los alumnos. Un circuito virtuoso que comienza con la teoría, pasa a la realidad en un cuidado trabajo de campo y finalmente culmina en la teoría que combina ambos aspectos, mostrando nítidamente los nuevos conocimientos. El planteo describe la problemática y la importancia de estudiarlo, donde la relevancia nos advirte de que el impacto social de la externalización de la educación tiene consecuencias sociales más amplias. "Por ejemplo, puede contribuir a la desigualdad educativa, porque no todas las familias tienen el mismo acceso a los recursos educativos".

Deja establecida una pregunta síntesis ¿Cuáles son las representaciones sociales sobre la educación elaboradas por directores, profesores y familias de Chapecó, que subcontratan la educación de sus hijos a la escuela y sus consecuencias? Una primera respuesta aparece en el enunciado de los objetivos de la investigación que, además de guiarla, se puede observar su cumplimiento a lo largo del recorrido del texto. La conexión con lo que se ha pensado e investigado, anteriormente sobre el tema se concreta a través de un adecuado estado del arte, que implica la reseña de las investigaciones recientes.

El estado del arte presenta estudios sobre la representación social en la educación. Núcleo figurativo de la representación social: contribuciones a la educación. Niños, los contextos escolares y las representaciones sociales familiares. La externalización de la educación en la primera Infancia y sus consecuencias. Los niños y la construcción de límites: narrativas de madres y profesores. Donde se pueden apreciar el lugar y el año de la investigación, autores, alcance, metodología, universo. muestra, instrumentos y resultados obtenidos. Este procedimiento elimina cualquier sentido de parroquialismo, conectando con otras investigaciones realizadas en el campo disciplinar, disponibles en publicaciones científicas.

Al mismo tiempo, proporciona mayor riqueza al marco teórico construido. La teoría expuesta parte de Durkheim, que pretendía, como afirma Sá (1995), "dar cuenta de fenómenos como la religión, los mitos, la ciencia, las categorías de espacio y tiempo, etc. en términos de conocimientos inherentes a la sociedad", para explicitar plenamente los conceptos de Moscovici sobre las representaciones sociales.

Las nociones sobre educación y externalización son tratadas, entre outros autores, por Arendt (1977), Mosé (2020), Freitas (2020), Moraes (2020), Araújo (2020), Klinjey (2014), Fernandes (2016), Cury (2014), Goodheart (2013), Bianchi (2010), Freire (2000), Bermejo y Morales (2018), Broussard (2018), Gonçalves (2020) y Piaget (1970). Se mencionan aspectos legales brasileños que encuadran la temática. Advirtiendo, también, a través Baudrillard (1977), que el mundo de la tecnología nos obliga a adaptarnos a un nuevo tipo de realidad, muy diferente de la que existía. Las referencias pueden encontrarse en el completo aparato académico que sustenta el trabajo.

La labor de campo se avizora en la Introducción y desarrolla en tres capítulos, mediante un diseño exploratorio con una metodología mixta, cualitativa y cuantitativa aplicada a directores, profesores y familias de escuelas en Chapecó, Santa Catarina, preservándose la identidad de los participantes en los distintos centros. Se Utilizaron cuestionarios descriptivos y de opción múltiple para profesores y padres, y entrevistas con directores. Se administraron a 50 profesores de 3 escuelas de Chapecó (1 municipal, 1 estatal y 1 privada) y 100 cuestionarios a los padres de los alumnos. Para los directivos fueron utilizadas entrevistas semiestructuradas, a 12 profesionales de las tres escuelas donde se desarrollaron la investigación. Todo el material se muestra de manera clara y relevante, organizado en figuras y gráficos.

Los instrumentos, y demás indicaciones, se encuentran en anexos. Para finalizar se despliegan las conclusiones que retoman la teoría y combinan con los resultados del abordaje de campo. Esto es lo nuevo, pero el libro ofrece la posibilidad de continuar futuros estudios.

¿Por qué leer este libro de Cristiély? La respuesta es simple. Al placer de la lectura agregarán un tratamiento ameno, ajustado a los cánones de la investigación científica, de una problemática psicosocial que afecta a la sociedad, en particular a la comunidad escolar de Chapecó, pudiendo nutrirse de ideas fundamentadas y atractivamente contadas ¡A disfrutarlo!

Síntesis descriptiva de un avance disciplinar resiliente en Psicologia Social: más allá del texto.

> La primacía del contexto sobre el texto.
> Mijaíl Bajtín

Dr. José Luis Speroni

Professor, escritor de vários artigos científicos e livros, gestor acadêmico.

Docente de Posgrado en Universidad de Ciencias Empresariales y Sociales (UCES): Maestría de Negocios Internacionales (Ciclo Nacional e intensivo Internacional).

Universidad John F. Kennedy (UK): Doctorado en Psicología Social, Principios de Política (Ciclo Nacional e intensivo Internacional)

Posdoctorado en Psicología

Universidad Favaloro (UF): Especialización de Posgrado em Medicina Laboral.

PREFÁCIO II

Los que trabajamos con pasión, en cualquiera de las instancias de formación del ser humano, estamos comprometidos a que los valores que transmitimos estén en sintonía con los de su cultura.

Esto redundará en su ir siendo, a través del tiempo, y lo conformará en un transmisor de lo obtenido, para las futuras generaciones.

Se podría decir que nuestra labor es darle un orden estructural a todo su contenido buscando el equilibrio que le permita cumplir, de la mejor manera, el rol que decida asumir para transitar su vida en la sociedad actual, teniendo en cuenta que, no siempre el equilibro se encuentra en el centro de lo que buscamos, sino que lo podemos encontrar en el más distante de los extremos.

Pero, como para todo, tiene que haber un punto de partida, un primer paso, un ejemplo a seguir.

Este se encuentra en el seno de la Familia, que como dice el famoso dicho, "Si la escuela es el segundo hogar, la Familia es la primera escuela".

La investigación que presenta, en su libro, la Dra. Cristiély Facco, nos permite transitar el detrás de escena de todo ese espacio que es determinante para la formación de un nuevo miembro de la sociedad, del que se pretende contribuya a una mejor calidad de vida para todos sus integrantes.

Que no sea un espectador de lo que sucede sino el protagonista de su realidad. Un libre pensador.

Este trabajo nos introduce en el principio de todo. En la organización básica de toda sociedad. De donde surgirán todas las posibilidades para que luego existan las oportunidades.

Todo aquello que le permitirá, "Ser digno de Ser".

Dr. Alberto J. M. Rodriguez Blanco

Licenciado en Publicidad y Dr.en Psicologia Social. Especialista en Comunicación Organizacional, Institucional y Publicitaria.

Director de proyectos de tesis, doctorales, de investigación sobre la vinculación inter e intra grupos y su influencia en los objetivos propositos de los mismos.

PREFÁCIO III

*Quem não planta jardim por dentro,
não planta jardins por fora e nem passeia por eles...*
(Rubem Alves)

A Dr.ª Cristiély Facco nos propicia uma leitura agradável e rica acerca de uma pesquisa que contribui científica e socialmente para o campo da Psicologia Social. Seus achados nos trazem representações sociais de gestores escolares, professores e familiares sobre a terceirização da educação pelos familiares e suas consequências. É uma investigação realizada no município de Chapecó, mas que reflete a realidade de muitos municípios brasileiros.

Cristiély percorre a teoria das representações sociais e teorias e estudos sobre a terceirização da educação pelas famílias para a escola. Essa trajetória é percorrida com clareza e reflete a paixão que a pesquisadora e autora tem por essa temática altamente relevante para a formação de novos cidadãos, com a participação efetiva de todos os sujeitos do processo na educação de nossas crianças, especialmente, família e escola.

Este livro nos permite compreender a percepção desses sujeitos sobre a terceirização da educação para podermos buscar caminhos que ajudem a alcançar de forma sólida e qualitativa a formação das crianças no que tange a emoções, valores, princípios, cultura e relações sociais. Desfrute da leitura!

Dr.ª Silvia Gonçalves de Almeida

*Pedagoga, Psicanalista, Mestre em Educação
e Doutora em Psicologia Social.*

*Psicanalista e professora de cursos de graduação
e pós-graduação.*

SUMÁRIO

INTRODUÇÃO...21

1
A TERCEIRIZAÇÃO DA EDUCAÇÃO: DESVENDANDO
AS COMPLEXIDADES DO ENIGMA EDUCATIVO................25

2
INÍCIOS NOTÁVEIS: O PONTO DE PARTIDA DA HISTÓRIA.....28

3
O PAPEL INIGUALÁVEL DA FAMÍLIA NA EDUCAÇÃO...........31

4
VALORES, MORAL E ÉTICA: A TRÍADE FUNDAMENTAL
DA CONDUTA HUMANA E DA SOCIEDADE ÉTICA...............42

5
FUNDAMENTOS DA EDUCAÇÃO - UMA JORNADA MILENAR.48

6
O DILEMA DA TERCEIRIZAÇÃO EDUCACIONAL: FAMÍLIA
VERSUS ESCOLA..55

7
IMPACTOS DA EXTERNALIZAÇÃO DA EDUCAÇÃO FAMILIAR
NA ESCOLA...64

8
A TRAMA PSICOLOGIA SOCIAL NA EDUCAÇÃO................71

9
TRANSFORMAÇÕES NO CENÁRIO EDUCACIONAL AO LONGO
DAS ERAS..76

10
TRAMAS DE VALORES: UM OLHAR PROFUNDO SOBRE A ÉTICA FAMILIAR E SUA CONEXÃO COM A EDUCAÇÃO........95

11
ENTRE A FAMÍLIA E A SOCIEDADE: A CONSEQUÊNCIA DA TRANSFERÊNCIA EDUCACIONAL....................109

12
O CONCEITO DA PARENTALIDADE DISTRAÍDA................115

13
EDUCAÇÃO TRANSFORMADORA: UM OLHAR PROFUNDO SOBRE OS PROJETOS INTEGRADORES........................126

14
A INFLUÊNCIA DE ÉMILE DURKHEIM NA RELAÇÃO FAMÍLIA-ESCOLA.......................................138

15
REFLEXÕES SOBRE O PARADIGMA DE INDUSTRIALIZAÇÃO NA EDUCAÇÃO..151

16
A TRANSFERÊNCIA DA RESPONSABILIDADE NA EDUCAÇÃO NA PRIMEIRA INFÂNCIA E SUAS IMPLICAÇÕES...............166

17
A IMPORTÂNCIA DA EDUCAÇÃO PARENTAL...................173

18
PROMOVER A SAÚDE MENTAL NA ESCOLA....................184

19
DESAFIOS DO MODELO INDUSTRIAL E PERSPECTIVAS PARA UMA EDUCAÇÃO MAIS CENTRADA NO ALUNO................192

20
AS GERAÇÕES Z E ALPHA 196

21
A TEORIA DE MASLOW REVERSA E SEUS IMPACTOS NA EDUCAÇÃO FAMILIAR 200

22
MAPEANDO A EDUCAÇÃO: CARACTERÍSTICAS E METODOLOGIA DE ESTUDO 203

23
REPRESENTAÇÕES SOCIAIS NA EDUCAÇÃO 209

EPÍLOGO 212

REFERÊNCIAS 214

INTRODUÇÃO

O eco das palavras sábias de Sócrates, que proclamou "a importância da educação na busca do bem e do mal", reverbera por meio dos séculos. Contudo, o som dessas palavras é sobrepujado pelo estrondo de um trágico evento que marcou o mês de março de 2023, lançando uma sombra indelével sobre o cenário educacional brasileiro. Em março de 2023, o noticiário nos confrontou com a trágica realidade de um aluno que, após ameaças prévias, ceifou a vida de sua professora, abrindo feridas profundas na educação brasileira. Esse evento sombrio revela uma triste estatística: o Brasil lidera o índice de violência contra professores. Professores dedicados a moldar mentes jovens agora enfrentam o amargo flagelo do bullying perpetrado por seus próprios alunos. Uma lacuna ética e moral, que deveria ser preenchida nos lares, muitas vezes é negligenciada, lançando as bases para um ambiente hostil nas escolas.

A desordem resultante é um reflexo da revolta e da decadência, um ciclo que alimenta a depressão, a ansiedade, o uso precoce de drogas e a escalada da criminalidade juvenil.

Diante de exemplos como esse, nos vemos inseridos em uma era em que as estruturas tradicionais de construção social, desenvolvimento individual e vida pessoal revelam-se impraticáveis. Nesse cenário de transformações rápidas, testemunhamos a adoção generalizada do lema de **transferência de responsabilidades**, em que a carga educacional recai sobre as instituições: escolas, professores, organizações de ensino, líderes religiosos e até mesmo atividades extracurriculares, como cursos de inglês, aulas de natação e balé. Contudo, a consequência dessa mudança de foco tem sido a falência das estruturas familiares e sociais, refletida em uma educação em decadência que nos afeta coletivamente.

Ouvimos discursos entusiasmados sobre a construção de uma sociedade e um país melhores, mas a idealização de uma sociedade ideal só se concretizará quando a educação for mais que uma mera transmissão de conhecimento tecnológico. É crucial que ela se torne uma ferramenta para formar não apenas indivíduos capacitados, mas também seres conscientes e conectados com todos que os cercam (Vieira, 2018).

No âmago dessa discussão está o papel vital da educação na formação do caráter do indivíduo, um processo que inicia no lar. Enquanto a escola desempenha seu papel no fornecimento de conhecimento técnico e no desenvolvimento intelectual por meio do Quociente de Inteligência (QI), a formação ética e moral deve ser cultivada no seio familiar. Estudos alternativos, como os de Hellinger (2002), em *A Ordem do Amor: o Segredo do Bem-Estar Emocional*, destacam a importância das leis da ordem do amor – Hierarquia, Pertencimento e Equilíbrio de Troca – na construção saudável de relacionamentos familiares.

Ao explorar as ideias de Hellinger (1997) sobre a terceirização de responsabilidades nas famílias e as constelações sistêmicas, percebemos como a disfunção dos papéis pode desencadear o caos na sociedade, afetando todos os elementos interconectados do ecossistema familiar.

Outro a contribuir nesse cenário foi Aristóteles (1932) em seu conceito de ethos, que revela como os hábitos e comportamentos inerentes à natureza do ser são a base que sustenta a ética. Como uma rocha que mantém sua direção natural, os pais devem preservar seu ethos, cumprindo o dever da educação em harmonia com a ordem divina do mundo. Contudo, ao transferir essa responsabilidade para instituições externas, como escolas, arriscamos desastres no desenvolvimento de crianças e adolescentes, gerando adultos adoecidos.

Nietzsche (1882) também trouxe considerações voltadas ao futuro do indivíduo sob a ótica dos princípios humanos, da filosofia e do aprendizado contínuo, reconhecendo a importância dos pais como os primeiros na ordem de responsabilidade, entendendo que a educação é uma jornada que envolve os responsáveis e, posteriormente, a escola.

No cenário contemporâneo, a preservação do meio ambiente emerge como uma necessidade urgente, um chamado que transcende fronteiras religiosas, orientações sexuais, diferenças culturais e regionais. Entretanto, apesar dessa conscientização global, testemunhamos uma sociedade na qual a união pela preservação da natureza é muitas vezes eclipsada por desafios mais profundos, ecoando tanto nos ecossistemas quanto nos alicerces da convivência humana.

A proposta de um novo pacto coletivo se torna vital. Buscamos não apenas uma política ambiental, mas também um compromisso com a paz, a harmonia e uma convivência social enraizada em valores éticos. A percepção de que a vida é nosso maior patrimônio demanda uma reflexão sobre a fonte desses valores, que, inegavelmente, provêm do lar, da educação doméstica que molda a moral do indivíduo antes de frequentar as salas de aula em busca de conhecimento técnico, muitas vezes desprovido de ética.

À medida que a educação familiar é terceirizada, testemunhamos um caos social, em que a opressão, a revolta e a hostilidade geram um efeito manada. A ausência de valores éticos e morais na formação dos filhos, transferida para instituições educacionais, resulta em um distanciamento entre pais e filhos, contribuindo para a trágica escalada da violência em nossas escolas.

Esta investigação mergulha nas profundezas desse abismo, explorando as consequências da transferência de responsabilidades da educação familiar para a escola. Ao buscar compreender as raízes da decadência social, propomos uma reflexão crítica sobre o papel dos pais na formação ética e moral de seus filhos. Nesse contexto, surge a urgência de investir na educação que vem de casa, na qual os filhos aprendem a lidar com o Quociente Emocional (QE), desenvolvendo inteligência emocional para enfrentar os desafios negativos que a vida lhes impõe. Karnal (2008) nos lembra que, ao oferecer essa orientação no lar, podemos mitigar os efeitos da decadência social.

Concluímos que o QE é uma peça fundamental no quebra-cabeça da educação familiar, proporcionando aos pais e educadores uma compreensão mais profunda das emoções e dos comportamentos de seus filhos ou alunos.

Este livro, ao desvendar os complexos fios que compõem a trama da educação moderna, busca alertar para as questões urgentes que permeiam nosso sistema educacional e apontar caminhos para a restauração de uma educação integral, em que ética, moral e conhecimento técnico caminhem lado a lado.

Boa leitura!

1

A TERCEIRIZAÇÃO DA EDUCAÇÃO: DESVENDANDO AS COMPLEXIDADES DO ENIGMA EDUCATIVO

A terceirização da educação dos pais para a escola emerge como um tema de profunda relevância e complexidade, justificado por uma série de razões intrincadas. Mas que tal mergulharmos nas nuances desse fenômeno, desvelando suas ramificações nos tecidos da educação contemporânea?

Para isso, vamos começar compreendendo **#5 pontos** iniciais.

1. **Impacto na qualidade da educação** – a qualidade do ensino está intrinsecamente ligada à compreensão dos efeitos da terceirização da educação. Exploraremos como a transferência da responsabilidade educacional dos pais para a escola pode afetar diretamente a eficácia do processo educativo, considerando o conhecimento íntimo que os pais têm sobre os interesses e necessidades únicas de seus filhos.

2. **Envolvimento dos pais** – o envolvimento ativo dos pais é um pilar crucial para o sucesso acadêmico e emocional das crianças. Analisaremos como a terceirização da educação pode comprometer esse envolvimento, lançando luz sobre as implicações significativas desse fenômeno na formação educacional global.

3. **Desenvolvimento de valores e ética** – além do conhecimento acadêmico, a educação visa moldar valores e ética. Este capítulo examina como a transferência dessa responsabilidade para a escola pode influenciar a transmissão de valores fundamentais e a construção ética dos filhos.
4. **Relação entre família e escola** – a dinâmica entre família e escola é uma peça crucial no quebra-cabeça educacional. Investigaremos como a terceirização da educação pode impactar essa relação vital, explorando seus efeitos na comunicação, colaboração e parceria entre pais e educadores.
5. **Impacto social** – além das fronteiras da sala de aula, a terceirização da educação reverbera nas estruturas sociais. Este capítulo examina como esse fenômeno pode contribuir para a desigualdade educacional e suas implicações sociais mais amplas, promovendo uma compreensão aprofundada dos seus efeitos na equidade educacional.

Essas justificativas constituem a base sólida para a investigação detalhada que se desenrolará ao longo deste livro, visando não apenas compreender, mas também oferecer insights significativos sobre a terceirização da educação e suas implicações multifacetadas nos aspectos educacionais e sociais de nossa sociedade.

Embora compreendamos qual o caminho certo a seguir, tendo argumentos bem definidos e interpretados de regras que devem, na teoria, ser modelados pela objetividade, neutralidade e imparcialidade, fazer realmente a mudança do cenário atual da transferência da responsabilidade da educação da família para as escolas não é uma tarefa fácil. Além de todas as consequências negativas, é preciso muito empenho e dedicação para buscar a mudança da mentalidade de que a educação vem do lar. Para isso, deve haver uma conscientização por princípio de senso ético. Afinal, seja qual for o motivo da transferência de responsabilidade da educação das famílias para a escola, toda e qualquer pesquisa pode, de alguma forma e com certo peso, causar prejuízos à sociedade como um todo, um ponto de vista muito observado por alguns especialistas, como a professora.

#Sustento versus presença: os desafios da equação parental moderna

Vera Batista (2009) compreende a complicada escolha entre colocar comida na mesa ou estar mais disponível para educar os filhos em casa. Nesse dilema, a prioridade muitas vezes recai na necessidade imediata de prover o sustento, relegando a educação ao segundo plano. Portanto, os pais enfrentam o desafio de equilibrar seu papel como provedores e educadores, um delicado malabarismo entre garantir a segurança financeira e estar presentes para transmitir valores e ensinar responsabilidade.

A realidade se torna mais complexa quando alguns pais, para sustentar suas famílias, precisam conciliar dois empregos. Alterar essa realidade demanda tempo e esforço, não sendo uma transformação que ocorre da noite para o dia. Contudo, é vital compreender que fornecer apenas o sustento material não é suficiente; é igualmente essencial nutrir o espírito dos filhos.

Toda essa reflexão não visa impor uma única perspectiva, mas sim sugerir uma abordagem transformadora. Priorizar a autorresponsabilidade da educação no lar em detrimento da transferência para as escolas emerge como uma proposta mais assertiva e precisa. Isso aprimora a construção do indivíduo na sociedade e, também, instiga uma reflexão profunda sobre o papel da família na formação educacional.

À luz dessa perspectiva, a ciência desempenha um papel crucial ao nos auxiliar a compreender a singularidade de cada ser humano. Ela nos concede a liberdade de sermos autênticos, expressando nossa individualidade e destacando-nos no tecido social.

Quando se trata do desenvolvimento humano, é imperativo contemplar os potenciais individuais, garantindo a dignidade e fomentando condições sociais equitativas. Assim, a pesquisa social deve ser conduzida de maneira ética e responsável, considerando todas as implicações para a sociedade. Essa abordagem enfrenta os desafios existentes e aponta para um futuro no qual a educação é verdadeiramente um empreendimento coletivo, guiado por valores éticos e responsabilidade mútua.

2

INÍCIOS NOTÁVEIS: O PONTO DE PARTIDA DA HISTÓRIA

Na década de 1930, a Grande Depressão econômica assolou o mundo. Com a crise, muitas famílias foram forçadas a enfrentar dificuldades financeiras e emocionais. Devido à escassez de empregos, muitos homens e mulheres foram obrigados a deixar seus lares e seus filhos para procurar trabalho em outras cidades. Para as mulheres, o ônus de deixar o lar e a educação dos filhos para trabalhar fora muito maior. Muitas mulheres que se mudaram para novas cidades enfrentaram a discriminação e a desconfiança de seus novos colegas de trabalho. Além disso, elas tiveram de equilibrar o trabalho com a responsabilidade de educar seus filhos e apoiar seus maridos.

Embora isso tenha sido difícil para ambos os gêneros, os efeitos foram ainda mais profundos para as mulheres. Muitas eram obrigadas a deixar suas casas para trabalhar, delegando a educação de seus filhos e a organização da casa. Nos Estados Unidos, essa situação se agravou com a criação do Programa de Trabalho Infantil, que permitia que crianças trabalhassem na agricultura e nos setores industriais. Isso significava que mais mulheres tinham que deixar seus lares para procurar trabalho, pois precisavam ajudar financeiramente suas famílias. O trabalho de muitas mulheres, na época, foi fundamental para ajudar suas famílias a saírem da pobreza. No entanto, também significou que elas não puderam cuidar de seus filhos. Apesar de essa mudança ter criado muitas oportunidades para as mulheres, trouxe algumas consequências negativas. Algumas dessas consequências incluem:

- a falta de tempo para educar os filhos;
- o aumento da desigualdade de gênero;
- a perda dos laços familiares;
- impacto negativo no comportamento dos filhos, por exemplo, problemas como a desobediência, o desrespeito às regras e a falta de disciplina;
- problemas de saúde mental (ansiedade, depressão ou outros problemas devido a não se sentirem amados e apoiados).

Isso pode ser agravado pelo fato de a mãe estar ausente de casa por longos períodos, o que pode levar a deficiências no desenvolvimento emocional e intelectual. Isso também pode levar à falta de confiança e autoestima, à falta de habilidades sociais e à falta de habilidades acadêmicas. Os filhos podem ter problemas com a disciplina, pois não existe um adulto responsável para supervisionar e orientar.

#O papel maternal na educação

Outrora, à mãe, em especial, era dado o dever de educar os filhos em casa enquanto o pai provia o sustento. As mulheres eram vistas como responsáveis pela educação moral e intelectual dos filhos. Era comum as mães ensinarem os filhos a ler, escrever e contar, além de ensinarem princípios morais, como respeito, empatia e a honestidade. As mães também eram responsáveis pela alimentação e pelo conforto da família. A educação em casa era muito valorizada e, mesmo tendo pouco acesso a recursos educacionais, como livros e outras fontes de conhecimento, a educação era considerada boa. Elas também não costumavam ter acesso às ferramentas de trabalho que os homens tinham, como computadores e maquinários modernos. Os papéis se inverteram, agora ambos são os provedores, e na maioria dos casos, ambos também são ausentes, negligentes e irresponsáveis quanto à educação dos filhos.

No âmbito desta análise, respaldada por investigações conduzidas pela Universidade de St. Thomas, em Minnesota, no ano de 2008, emerge uma constatação marcante: crianças que recebem educação domiciliar apresentam desempenho acadêmico superior em relação àquelas matriculadas em escolas convencionais. O estudo revelou que os resultados de testes dessas crianças eram significativamente superiores aos de seus colegas escolarizados, e que elas também cultivavam um notável senso de autoconfiança e autoestima. Em corroboração a essas descobertas, uma pesquisa realizada em 2017 pela Universidade de Washington evidenciou que crianças que são educadas em casa demonstram maior confiança em suas habilidades e um nível de segurança superior em suas capacidades acadêmicas, quando comparadas às que frequentam instituições escolares (Goldberg, 2017).

Entretanto, a reflexão sobre essa disparidade de resultados não deve conduzir à ideia de abandonar a educação técnica nas escolas. Pelo contrário, a compreensão aprofundada advém da constatação de que, quando a família assume a responsabilidade pela formação moral do indivíduo em casa, os resultados acadêmicos e impactos na sociedade revelam-se diferenciados.

No âmbito da Psicologia Social, esse fenômeno emerge como um tema de inegável relevância, respaldado por uma série de razões justificáveis. Entre as justificativas que fundamentam a escolha desse tema, destaca-se o impacto nas relações interpessoais, a construção de identidade e pertencimento, a promoção de responsabilidade e autonomia, a influência das normas sociais e valores compartilhados, bem como os aspectos relacionados à inclusão e exclusão social. Essas justificativas ressaltam a importância de explorar os impactos da terceirização na Psicologia Social, compreender as dinâmicas subjacentes e identificar estratégias para fomentar relações saudáveis, construir identidades positivas e fortalecer a coesão social. O estudo da terceirização na Psicologia Social, portanto, não apenas contribui para uma compreensão mais abrangente dos fenômenos sociais, mas também fornece insights relevantes para intervenções e políticas sociais.

3

O PAPEL INIGUALÁVEL DA FAMÍLIA NA EDUCAÇÃO

A família, indubitavelmente, assume um papel de suma importância na formação educacional dos filhos. Ela representa o primeiro ambiente de aprendizado e a influência inicial para as crianças, transmitindo valores, conhecimentos e habilidades cruciais para a jornada da vida.

Os desafios que permeiam a experiência humana suscitam profunda reflexão sobre o verdadeiro significado de nossa existência como indivíduos e como integrantes de uma sociedade. Enfrentamos uma crise educacional marcada por diversas dimensões, desde as tensões sociais até ameaças de violência nas escolas, presença de crianças armadas, casos de assédio e opressões contra a autoridade até a degradação ambiental, o desgaste do sistema político, a fome, a miséria, o racismo e diversas formas de intolerância. Diante desse quadro complexo, torna-se imperativo uma reflexão consciente sobre as ações humanas e suas implicações.

A pensadora Hannah Arendt, ao refletir sobre educação, não limitava suas preocupações apenas às questões didáticas ou ao papel dos professores profissionais. Sua inquietação estendia-se para alguém imerso na crise que aflige o mundo moderno, especialmente em relação às crianças e ao mundo comum pós-guerra, onde começamos a testemunhar o "rompimento da tradição" e uma aceitação vacilante do conceito de autoridade.

A célebre citação de Arendt ressoa de maneira profunda: "A educação é o ponto em que decidimos se amamos o mundo o suficiente para assumir a responsabilidade por ele". Essa afirmação destaca a visão única da pensadora, evidenciando que a educação desempenha um papel fundamental na formação de indivíduos que não apenas se preocupam com o mundo ao seu redor, mas também assumem a responsabilidade por ele. Arendt acreditava que a educação é essencial para o desenvolvimento de cidadãos ativos e engajados, capazes de contribuir significativamente para a sociedade em que estão inseridos.

#O desafio do paradigma VUCA na educação

Num passado não muito distante, os pais eram os principais responsáveis pela educação dos filhos, superando as dificuldades e limitações. O lar era a fonte primordial de ensinamentos, onde se cultivavam respeito, valores e limites. Nesse cenário, a mãe assumia o papel preponderante no encaminhamento desses ensinamentos, enquanto o pai se destacava como o esteio voltado para o sustento e o conforto da família. Contudo, ao longo do tempo, observou-se uma inversão desse quadro. A entrada das mulheres no mercado de trabalho, uma conquista inegável, trouxe consigo alguns retrocessos no âmbito da educação familiar. Ambos os pais passaram a integrar a força de trabalho, uma necessidade imperativa para a sobrevivência, transferindo para outros a responsabilidade pela educação ética dos filhos, sobretudo para a escola.

Essa mudança de dinâmica resultou em uma lacuna na educação e na imposição de limites, que tradicionalmente deveriam ser cultivados em casa. Surge, então, a chamada "lei de compensação": a ausência frequente dos pais quando seus filhos mais necessitam. Infelizmente, chega-se a um ponto em que a educação é substituída por atividades superficiais, como passeios no shopping e permissões ilimitadas para permanecer conectado em redes sociais. Estas, muitas vezes, se tornam as fontes de ensinamentos éticos para crianças e adolescentes na sociedade atual, substituindo a presença e a orientação dos pais. Essa realidade permite que a mídia exerça uma influência mais expressiva sobre as crianças do que seus próprios progenitores, que frequentemente estão ausentes ou cansados demais para se envolverem ativamente na educação de seus filhos.

O acrônimo VUCA (*Volatility, Uncertainty, Complexity and Ambiguity*), cunhado pelo U. S. Army War College na década de 1990, emergiu para caracterizar o ambiente mundial pós-guerra, em que volatilidade, incerteza, complexidade e ambiguidade delineavam as transformações econômicas, políticas e sociais. Nesse contexto, tanto forças internas quanto externas exerciam influências profundas, tornando o mundo mais volátil, incerto, complexo e ambíguo do que nunca. Essa mudança repercutiu em setores amplos, abrangendo desde educação, economia e política até a esfera militar. O paradigma VUCA, assim estabelecido, indicava que, mesmo após o término da guerra, as estruturas organizacionais se tornavam cada vez mais turbulentas.

Enfrentando um mundo VUCA, caracterizado pela volatilidade, urgência, complexidade e agilidade, a transferência da responsabilidade educacional da família para a escola, conhecida como "terceirização da educação da família", surge como uma problemática de peso. Nesse cenário, os responsáveis muitas vezes delegam aos professores e instituições de ensino não apenas a tarefa de transmitir conhecimento acadêmico, mas também a responsabilidade pelo ensino moral, ético e social, além do próprio processo de aprendizagem. Essa transferência ocorre muitas vezes pela falta de tempo, interesse ou recursos por parte dos pais, relegando a educação que deveria começar em casa.

A mudança na responsabilidade de criar e preparar as crianças para a vida adulta, transferindo-a da família para a escola, pode acarretar consequências irreparáveis. Essa mentalidade de transferência de responsabilidade é observada globalmente, tanto em economias desenvolvidas quanto em desenvolvimento. A família, assim, perde influência, enquanto a escola é encarregada de preparar os indivíduos para a vida adulta por meio de um currículo muitas vezes disfuncional.

Ao externalizarem a responsabilidade educacional para a escola, os pais negligenciam a oferta de uma educação personalizada às suas crianças. Além disso, se a família não dispõe dos recursos necessários para acompanhar o desenvolvimento de crianças e adolescentes, se não há uma base educacional no lar, a construção do caráter dos filhos fica comprometida. Esse cenário resulta em uma geração de indivíduos potencialmente frustrados, insubmissos às normas sociais e inadequadamente preparados para a vida em sociedade.

#Reflexões sobre a delegação educacional

A externalização da educação tem consequências para o desenvolvimento individual e social. Quais são alguns dos impactos negativos da delegação da responsabilidade educativa a terceiros? Como podem estes efeitos adversos ser atenuados?

Delegar a responsabilidade educativa a terceiros pode acarretar diversos impactos negativos tanto no desenvolvimento individual quanto no social. Um dos principais efeitos adversos é a perda de controle e acompanhamento direto sobre o processo educacional, o que acaba por resultar em lacunas na aprendizagem e na formação integral dos alunos. Ademais, a falta de envolvimento dos pais ou responsáveis na educação dos filhos pode levar a uma desconexão emocional e afetiva, prejudicando o desenvolvimento socioemocional de crianças e jovens. Essa delegação excessiva também pode contribuir para a desvalorização da educação no contexto familiar e na comunidade em geral.

Atenuar esses efeitos adversos é essencial. Para isso, é fundamental facilitar a participação e o engajamento ativo dos pais ou responsáveis na vida escolar dos estudantes. Isso pode ser alcançado incentivando a comunicação aberta e constante entre a escola e a família, além de criar oportunidades para que os pais se envolvam ativamente no processo educacional. A participação em reuniões, atividades extracurriculares e o acompanhamento do desempenho acadêmico dos filhos são exemplos de ações que podem fortalecer esse engajamento. Essas iniciativas não apenas mitigam os impactos negativos, mas também promovem um ambiente de apoio e colaboração que beneficia o desenvolvimento integral dos alunos.

Contudo, as políticas educacionais que visam fortalecer o vínculo entre escola, família e comunidade podem contribuir significativamente para mitigar os impactos negativos da externalização da educação.

A família desempenha um papel fundamental na educação das crianças, fornecendo valores, princípios e cuidados. Como a sociedade pode apoiar as famílias para desempenharem esse papel efetivamente? Que recursos e políticas podem ser postos em prática para reforçar o envolvimento dos pais na educação dos seus filhos?

A sociedade pode apoiar as famílias de diversas maneiras para desempenhar seu papel na educação das crianças de forma contundente. Uma abordagem eficaz seria implementar políticas que promovam a conciliação entre trabalho e família, garantindo que os pais tenham tempo e recursos para se envolver ativamente na vida educacional de seus filhos. Isso poderia incluir políticas de licença parental remunerada, horários de trabalho flexíveis e assistência à creche acessível, além de fornecer recursos e programas de apoio às famílias, como workshops educacionais, grupos de apoio para pais e acesso a serviços de saúde mental e assistência social. Investir em programas de educação parental que ensinem habilidades de comunicação eficaz, resolução de conflitos e técnicas de disciplina positiva também pode fortalecer o envolvimento dos pais na educação de seus filhos.

É importante que as políticas educacionais e escolares incentivem uma parceria sólida entre escola e família, promovendo uma comunicação aberta e colaborativa. Isso pode ser feito por meio de reuniões regulares entre pais e professores, disponibilização de informações sobre o currículo escolar e oportunidades para os pais se envolverem em atividades escolares e eventos comunitários. Ao fortalecer o apoio à família, a sociedade pode contribuir para o desenvolvimento educacional e pessoal das crianças.

A família é uma esfera crucial no processo de desenvolvimento e educação das crianças, sendo incumbência primordial dos pais assegurar o bem-estar, o cuidado e a orientação adequada aos seus filhos:

1. **prover cuidado e suporte emocional** – a família desempenha um papel vital ao proporcionar um ambiente seguro, amoroso e acolhedor para todos os seus membros, fomentando, assim, um desenvolvimento emocional saudável nas crianças. Isso compreende demonstrar afeto, incentivar a expressão de sentimentos e oferecer suporte emocional nos momentos desafiadores;
2. **educação e transmissão de valores** – a família é responsável por estabelecer valores fundamentais e habilidades essenciais

para a vida, promovendo princípios éticos, morais, respeito, empatia e responsabilidade;

3. **estimular o desenvolvimento cognitivo e intelectual** – é imperativo que a família estimule o desenvolvimento cognitivo e intelectual das crianças, incentivando a curiosidade, o raciocínio lógico, a criatividade e a resolução de problemas. Além disso, fomentar o hábito da leitura, proporcionar acesso a recursos educacionais e apoiar o aprendizado fora do ambiente escolar são práticas essenciais;

4. **promover o engajamento cultural** – a família desempenha um papel crucial na exposição das crianças a diversas formas de expressão cultural, como música, arte, literatura, teatro e cinema. Isso inclui participação em eventos culturais, compartilhamento de tradições familiares e apreciação da diversidade cultural, contribuindo para uma visão de mundo mais aberta e inclusiva;

5. **fomentar a responsabilidade social** – é incumbência da família ensinar às crianças a importância de envolver-se na comunidade e serem cidadãos responsáveis, promovendo atividades de voluntariado, respeito pelos direitos alheios, consciência ambiental e defesa da igualdade e justiça social;

6. **estabelecer uma comunicação efetiva** – a família deve cultivar uma comunicação aberta, honesta e respeitosa entre seus membros, promovendo o diálogo, ouvindo ativamente as crianças e resolvendo conflitos de maneira construtiva. Uma comunicação efetiva fortalece os laços familiares e cria um ambiente seguro para que as crianças expressem suas preocupações e busquem apoio;

7. **ensinar habilidades para a vida** – é dever da família ensinar habilidades práticas para o cotidiano, incluindo habilidades domésticas, gestão financeira, tomada de decisões, resolução de problemas e habilidades sociais. Essas habilidades são cruciais para o desenvolvimento da autonomia e para preparar as crianças para os desafios do mundo adulto;

8. **estabelecer a confiança** – mantendo conversas abertas com os filhos, esclarecendo expectativas e estabelecendo limites adequados. Isso envolve discutir comportamento apropriado, segurança pessoal e promover o respeito mútuo;
9. **ser o apoio emocional** – a família emerge como um porto seguro, fornecendo apoio emocional por meio de um ambiente impregnado de amor, afeto e suporte. Essa atmosfera promove o desenvolvimento de relacionamentos saudáveis, conferindo um senso de pertencimento e segurança emocional;
10. **impulsionar a socialização** – desempenhando um papel central na socialização, a família transmite valores culturais, normas sociais, tradições e habilidades essenciais para a adaptação e interação na sociedade. Nas vivências familiares é que se estabelecem as primeiras experiências de socialização;
11. **ajudar na construção da identidade** – contribuindo ativamente para a formação da identidade individual, a família cria um contexto para a exploração e descoberta pessoal. Sua influência se estende à construção de autoimagem, valores, crenças e aspirações dos seus membros;
12. **proporcionar educação e aprendizado** – desempenhando papel preponderante na educação e aprendizagem, a família compartilha conhecimentos, estimula a curiosidade intelectual e impulsiona o desenvolvimento cognitivo. Ademais, exerce influência sobre as atitudes e motivações em relação à educação formal;
13. **suporte prático** – além de prover suporte prático nas necessidades básicas, como moradia, alimentação, cuidados de saúde e segurança, a família desempenha um papel essencial na promoção do desenvolvimento físico, emocional e intelectual das crianças.

#Transformações na educação familiar ao longo do tempo

Vimos anteriormente que, no passado, incumbia-se aos pais a única responsabilidade primordial pela educação dos filhos, mesmo diante das adversidades e limitações. O lar era a fonte por excelência de valores, respeito, instruções e limites. A mãe desempenhava um papel preponderante nesse ensinamento, enquanto o pai era o esteio voltado para o sustento e conforto da família. No entanto, ao longo do tempo, essa dinâmica foi revertida com a entrada das mulheres no mercado de trabalho, uma conquista inegável que, porém, acarretou retrocessos na educação familiar.

A presença de ambos, pai e mãe, no mercado de trabalho, uma necessidade premente para a sobrevivência, levou à delegação da responsabilidade pela educação ética dos filhos a terceiros, sendo a escola a principal destinatária dessa incumbência. Surgiu, assim, uma lacuna na imposição de limites e na educação, que deveriam, primariamente, ser aprendidos em casa. Nesse vácuo, entra a "lei de compensação", um esforço para remediar a ausência frequente dos pais quando mais necessários.

Lamentavelmente, atinge-se um ponto onde a educação é substituída por distrações, como passeios no shopping, permissões ilimitadas para permanecer conectado em redes sociais e outras fontes que, infelizmente, suplantam a presença dos pais. A mídia torna-se o livro de ética para crianças e adolescentes, já que os pais, na maioria das vezes, estão simultaneamente ausentes ou cansados demais para interagir ativamente.

Quando enfrentamos um problema de saúde pública, é crucial considerar que, na maioria das vezes, canalizam afetividade, solidariedade e responsabilidade para com os outros. Conforme Jelin (1998) observa, as transformações nos vínculos familiares indicam a necessidade de promover e sustentar a gestação de múltiplos espaços de sociabilidade em diferentes tipos e formas de família.

À medida que o tempo avança, presenciamos significativas mudanças de comportamento e um investimento em respeito e valores. O que antes era uma norma familiar, como pedir benção ou informar os pais sobre os destinos, tornou-se antiquado. A resistência ao autoritarismo da ditadura transformou-se em resistência aos próprios pais. Mudanças na moda, aceitação dos excluídos, nivelamento social, movimentos hippies e o advento das drogas contribuíram para a transformação de atitudes e comportamentos das crianças.

Infelizmente, não se compreendeu plenamente que a liberdade almejada incluía o respeito ao próximo. O "não", que foi crucial durante a ditadura, passou a ser visto como "proibido proibir", ignorando que o "não" de hoje moldará adultos resilientes no futuro. Aprender a receber um "não" é crucial para lidar com as inevitáveis frustrações da vida. Essa lição ensina a criança a recusar se envolver em situações como drogas, álcool, sexo prematuro, furtos, desonestidade e desrespeito, formando uma base sólida para o futuro.

A educação dos filhos é, inquestionavelmente, um desafio permeado por influências culturais. Os pais precisam reconhecer sua humanidade, admitindo acertos e erros, limitações emocionais e as inevitáveis crises familiares. Conscientes desses desafios, os pais estão mais bem equipados para assumir seu papel crucial na formação ética e moral de seus filhos.

#Afeto, limites e construção do caráter na unidade familiar

Na sociedade ocidental contemporânea, a palavra "família" carrega consigo uma carga afetiva significativa para a maioria das pessoas. Os defensores do ambiente familiar como o ideal para a criação dos filhos muitas vezes destacam o calor materno, apontando para o vínculo afetivo único entre mãe e filho, ausente em crianças institucionalizadas.

Em diversas situações, os pais acreditam que seus filhos encontrarão seus próprios caminhos, revogando sua autoridade. No entanto, essa postura traz consequências preocupantes. Quando as crianças não aprendem limites, crescem tornando-se adultos indecisos, incapazes e inseguros, com dificuldade em lidar com perdas e frustrações. Em busca de seus objetivos, aprendem a mentir e manipular, não assumem responsabilidades e carecem de compromisso pessoal e profissional.

A educação eficaz requer sentimentos de afeto. Pais que impõem limites de maneira agressiva demonstram falta de afeto, resultando em efeitos negativos, como baixa autoestima, culpa, medo, explosões emocionais e comportamentos desobedientes.

A família não é simplesmente um conjunto de indivíduos, é uma organização social, um microcosmo de relações de produção, reprodução e distribuição. Possui uma estrutura de poder com fortes componentes ideológicos e afetivos que cimentam e perpetuam essa organização.

O desafio crucial na educação das crianças reside em equilibrar afeto e limites. É necessário aprender a abordar problemas sem agredir a personalidade, mantendo um diálogo firme e respeitoso. Comportamentos indesejados e palavras agressivas comprometem os sentimentos de afeto e proximidade. A aproximação é um processo de crescimento e amor que busca o melhor para o desenvolvimento desses seres preciosos na família. O comportamento e a postura dos pais em termos de afeto e limites exercem impacto significativo na educação e formação do caráter de seus filhos.

A Constituição da República Federativa do Brasil (1988), no art. 226, destaca que "a família, base da sociedade, tem especial proteção do Estado". O art. 19 do Estatuto da Criança e do Adolescente (ECA), a partir da Lei 8.069/90, dos DIREITOS FUNDAMENTAIS, reforça o direito de toda criança ou adolescente ser criado e educado no seio de sua família. A legislação evidencia a importância da família na vida de uma pessoa, instando todos os esforços para sua proteção.

O ECA, de forma sábia, estabelece que educar é mais relevante do que punir, reconhecendo os pais como os principais educadores de seus filhos. A parentalidade, ao transmitir a vida a um novo ser, está intrinsecamente ligada à educação. Proporcionar meios para a criança adquirir e desenvolver virtudes como sinceridade, generosidade, obediência, honestidade, lealdade, amizade e solidariedade é a essência da parentalidade e educação responsável.

#Parentalidade e educação na construção de virtudes e valores

A parentalidade e a educação são pilares fundamentais, destacando-se pela importância de transmitir a vida e auxiliar cada criança no desenvolvimento de virtudes e valores positivos. Esses princípios essenciais permeiam diversas abordagens educacionais e filosofias familiares. Abraçando a responsabilidade de cuidar, proteger e nutrir o crescimento e desenvolvimento infantil. Além de prover as necessidades físicas básicas, os pais desempenham um papel crucial na formação moral e ética de seus filhos, orientando-os na aquisição e no desenvolvimento de virtudes e valores positivos.

A educação ultrapassa a mera transmissão de conhecimentos acadêmicos, englobando o objetivo mais amplo de promover o desenvolvimento integral da criança. Esse processo abrange aspectos emocionais, sociais e éticos. Por meio do exemplo, da orientação e do estabelecimento de limites saudáveis, os pais têm o poder de moldar o caráter e a personalidade de seus filhos, cultivando virtudes como sinceridade, generosidade, obediência, honestidade, lealdade, amizade, bondade e solidariedade.

A complexidade da educação e formação moral é influenciada por diversos fatores, incluindo o ambiente familiar, cultural e social. Cada família e cada criança são únicas, e as abordagens educacionais podem variar conforme crenças e valores específicos de cada contexto.

Parentalidade e educação desempenham um papel crucial na formação das crianças, excedendo a simples transmissão de conhecimentos. O objetivo é desenvolver virtudes e valores que não apenas contribuam para o crescimento pessoal das crianças, mas também para a construção de uma sociedade mais ética e solidária.

VALORES, MORAL E ÉTICA: A TRÍADE FUNDAMENTAL DA CONDUTA HUMANA E DA SOCIEDADE ÉTICA

Os conceitos de valores, moral e ética formam uma tríade interconectada que desempenha um papel crucial na orientação do comportamento humano e na edificação de uma sociedade ética e justa.

1. **Valores** – são princípios e crenças fundamentais que uma pessoa ou sociedade considera essenciais, orientando suas ações e decisões. Esses valores são moldados por influências culturais, sociais, religiosas e pessoais, desempenhando um papel central na formação da identidade e nas escolhas individuais. Exemplos de valores abrangem honestidade, respeito, solidariedade, justiça, liberdade, responsabilidade e tolerância.
2. **Moral** – refere-se a princípios, regras e normas que regem o comportamento humano, estabelecendo o que é considerado certo e errado em uma determinada sociedade ou grupo. A moralidade está intrinsecamente ligada à noção de dever, obrigações e julgamentos de valor. Ela exerce influência sobre o comportamento ético das pessoas e como interagem com os outros, variando conforme a cultura, religião e o contexto social.

3. **Ética** – consiste no estudo filosófico dos princípios morais e valores que guiam as ações humanas. Visa compreender os fundamentos racionais e teóricos por trás das decisões éticas, explorando questões como o bem, a justiça, a responsabilidade e a virtude. A ética envolve a reflexão crítica sobre o comportamento humano, as consequências de nossas ações e como nossas escolhas impactam os outros e a sociedade como um todo.

É crucial destacar a interdependência entre valores, moral e ética. Nossos valores influenciam nossa moralidade, a qual orienta nosso comportamento ético. A ética, por sua vez, nos auxilia a refletir sobre nossas ações à luz de princípios e valores fundamentais, buscando decisões éticas consistentes com esses alicerces.

Na esfera da Psicologia Social, esta se apresenta como um estudo científico das interações humanas, considerando as relações com outros indivíduos. Sua premissa fundamental é que pensamos e sentimos de forma específica devido à nossa natureza social. Assim, a Psicologia Social investiga os "comos" e "porquês" do comportamento social, analisando interações pessoa/pessoa, pessoa/grupo e grupo/grupo em diversos contextos do processo de influência social.

A Psicologia Social concentra-se nas relações interpessoais, explorando temas como comunicação e suas influências, conflitos e autoridade, por reconhecer que somos seres inerentemente sociais.

É unânime reconhecer que a experiência e o comportamento individuais diferem substancialmente quando a pessoa está sozinha em comparação com sua interação em grupo. Dentro desse ambiente, os indivíduos em sociedade são cercados e influenciados por elementos culturais que revelam a conduta social passada, como edifícios, ruas, ferramentas, sistema monetário, linguagem, sistema numérico, ciência e valores e normas morais, religiosas e políticas (Sherif, 1966).

Mas a pergunta é: como desvelar a teia social na construção da Psicologia Humana?

Ao explorarmos os intricados caminhos da Psicologia Social, deparamo-nos com um vasto leque de elementos que moldam a complexidade da mente humana. Motivação, atitudes, opiniões, estereótipos e preconceitos entrelaçam-se nessa trama intricada, delineando as fronteiras da compreensão psicológica.

Entre os muitos temas que permeiam essa disciplina, destaca-se uma lacuna entre a adesão do Brasil a tratados internacionais e a efetiva implementação dos cuidados destinados à mulher grávida e sua família. Este capítulo propõe-se a investigar essa discrepância, inserindo-o no horizonte de construção de conhecimento da Psicologia Social.

É interessante observar que, ao desbravarmos as páginas da história, encontramos reflexões de Durkheim (1955) que ecoam até os dias atuais. O autor condena concepções de educação que pressupõem um modelo ideal, reconhecendo a variabilidade temporal e contextual desse processo. Nas antigas cidades gregas e latinas, a educação buscava submeter o indivíduo à coletividade, transformando-o em mero apêndice social. Atualmente, nosso foco educacional centra-se na construção da personalidade autônoma e consciente, salvo quando a educação torna-se sub-repticiamente um instrumento de manipulação, disfarçada sob o pretexto de autonomia. Como salienta Brandão (1987, p. 57), "Não há uma única forma de educação nem um modelo único, a escola não é o único lugar onde se faz educação e talvez nem seja o melhor".

Essa reflexão histórica sobre a educação ressoa no âmbito da Psicologia Social, revelando a influência das práticas educacionais na construção da psique individual e coletiva. Ao compreendermos o papel da educação na formação de atitudes, opiniões e preconceitos, somos instigados a questionar como as políticas educacionais contemporâneas podem impactar a maneira como a sociedade percebe e cuida de questões como a gestação e a família.

A discrepância entre a adesão a tratados internacionais e a implementação prática dos cuidados com a mulher grávida levanta questionamentos sobre a efetividade das estruturas sociais e psicológicas. Como a educação, um pilar essencial na formação da personalidade autônoma, pode contribuir para preencher essa lacuna? Será que a busca por uma educação mais inclusiva e consciente pode influenciar positivamente as atitudes e práticas em relação à maternidade?

Aqui estamos na busca de descrever essa divergência e abrir caminhos para a reflexão sobre a responsabilidade coletiva na construção de uma sociedade mais atenta às nuances psicológicas e sociais. À medida que desvendamos as complexidades da Psicologia Social, somos desafiados a repensar não apenas as práticas educacionais, mas também como concebemos e cuidamos das esferas mais íntimas da experiência humana.

#Os caminhos da ética e moral na construção do indivíduo

Mergulhando nas raízes etimológicas, descobrimos que a ética, derivada do grego "*ethos*", refere-se ao modo de ser, enquanto a moral, proveniente do latim "*mores*", diz respeito aos costumes. Esses conceitos, entrelaçados, delineiam as normas que orientam o comportamento humano na sociedade. A moralidade, por sua vez, é forjada pela educação, tradição e vivências cotidianas, constituindo um conjunto de diretrizes que norteiam as interações sociais.

- A **ética** é um conjunto de valores que guiam o comportamento do homem em relação aos seus semelhantes, assegurando o bem-estar social. Em essência, a ética representa a maneira pela qual o ser humano deve interagir em seu meio social, indo além de ações por tradição ou hábito, buscando uma base fundamentada em convicções e inteligência.
- A **moral**, presente desde tempos imemoriais, é intrínseca ao ser humano, manifestando-se por meio de uma consciência moral que distingue o bem do mal no contexto em que vive. Destaca a natureza teórica e reflexiva da ética, contrastando-a com a natureza eminentemente prática da moral. Ambas se complementam, uma vez que, na ação humana, saber e agir são indissociáveis.

É na tessitura da pólis, o espaço organizado das relações humanas, que valores são configurados, direitos estabelecidos, normas e leis prescritas. O desenvolvimento moral, conforme a teoria da Psicologia Genética de Piaget (2006), ocorre de forma progressiva, paralelo à construção da inteligência e afetividade. Piaget enfatiza a importância das relações sociais na formação moral, defendendo a necessidade de experiências coercitivas e cooperativas para o desenvolvimento da autonomia. A educação moral, segundo Piaget, visa auxiliar a criança na construção de sua autonomia.

As contribuições de Campos (2010) nos estudos sobre desenvolvimento moral destacam-se, especialmente por sua abordagem cognitivista. Seu trabalho, iniciado em 1958 na Universidade de Chicago, resultou na teoria dos estágios morais, que postula dois níveis de moralidade.

1. **pré-convencional** – caracteriza-se pela moral heterônoma, na qual as regras morais derivam da autoridade, sendo seguidas para evitar castigo ou merecer recompensa.
2. **moralidade** – marca o início da descentralização, reconhecendo os interesses individuais, mas ainda mantendo uma abordagem individualista na resolução de dilemas morais.

Em nossa fascinante incursão pelo universo da educação, deparamo-nos ainda com a perspicácia de Freire (1987), que ilumina o papel crucial da família no primórdio da formação de uma criança. A família, sendo o primeiro contato da criança com o mundo, assume a responsabilidade integral em seu desenvolvimento. Nesse ambiente, a criança absorve os alicerces dos valores éticos e cristãos, nos quais os princípios de respeito, cultura e valores se entrelaçam como fios essenciais no tecido da aprendizagem inicial.

A família desempenha um papel fundamental na preparação da criança para a educação formal. Os pais, como arquitetos primordiais dessa jornada educacional, carregam consigo a responsabilidade de moldar o caminho da criança, sendo participantes ativos em sua vida escolar. Aqui, emerge a compreensão de que a educação é uma parceria entre a família e a escola, onde a sinergia entre esses dois pilares é essencial para o florescimento educacional da criança.

Nesse cenário de desenvolvimento, os comportamentos morais assumem um novo papel, sendo regulados por princípios fundamentais. Os valores transcendem a esfera dos grupos ou indivíduos que os sustentam, por serem princípios universais de justiça. A igualdade dos direitos humanos, o respeito pela dignidade das pessoas e o reconhecimento de que todos são fins em si mesmos tornam-se as âncoras que orientam a bússola moral.

Refletir sobre a independência dos valores em relação a grupos ou pessoas que os defendem nos conduz à compreensão de que, no âmago da ética, reside a aceitação de que leis e contratos são válidos não por mero cumprimento formal, mas porque se baseiam em princípios fundamentais. A moralidade, assim, supera o simples ato de seguir regras, adentrando o terreno fértil onde os princípios universais se tornam a essência da conduta humana.

A teoria do pesquisador Kohlberg amplifica nossa visão ao destacar a capacidade inata de todo indivíduo de ultrapassar os valores da cultura em que foi socializado. Ao invés de uma absorção passiva, surge a possibilidade de uma participação ativa nesse processo de formação moral. O pensamento pós-convencional, que enfatiza a democracia e os princípios individuais de consciência, emerge como uma peça essencial na construção da cidadania.

Portanto, a educação familiar se revela como a raiz de uma compreensão ética e moral sólida, não apenas delineando o destino individual, mas também contribuindo para a transformação da sociedade.

5

FUNDAMENTOS DA EDUCAÇÃO – UMA JORNADA MILENAR

Na imponente era do Império Romano, a educação desempenhou um papel crucial na formação de mentes e corações dos cidadãos. O sistema de ensino romano expandiu seus horizontes, indo além da leitura e escrita para incorporar disciplinas como Retórica, Música, Direito, História e Geografia. Os filhos das classes abastadas frequentavam escolas particulares, enquanto os jovens provenientes do seio camponês recebiam instrução em seus lares.

À medida que o tempo avançava, a influência eclesiástica se tornava palpável na Idade Média. Os monastérios, guiados pelos jesuítas, assumiram o papel de mestres, não apenas ensinando as artes da leitura e escrita, mas também compartilhando conhecimentos em Matemática e Teologia. A educação desse período visava ao desenvolvimento intelectual e, também, à orientação dos cidadãos para uma vida religiosa.

Com a chegada do Renascimento, o cenário educacional passou por uma metamorfose notável. Artistas, escritores, filósofos e cientistas começaram a contemplar o mundo com olhos renovados, expandindo o espectro do conhecimento para abranger Literatura, Filosofia, Música, Matemática e Ciência. Na Idade Moderna, os impérios europeus em ascensão começaram a moldar sistemas nacionais de educação. O ensino tornou-se mandatório para todas as crianças e uma padronização educacional varreu o continente, refletindo um desejo de instrução e de controle social.

No século XIX, um novo capítulo se abriu com a democratização do acesso à educação. Escolas de ensino fundamental, técnicas, secundárias e universidades floresceram, oferecendo uma gama diversificada de disciplinas, incluindo História, Geografia e línguas estrangeiras.

A história da educação revela um notável fenômeno: sua metamorfose de instrumento de controle social para um farol da emancipação intelectual. No passado, as escolas eram veículos para a transmissão de valores morais e patriotismo, moldando as mentes jovens para adotar comportamentos socialmente aceitáveis. Esses valores, inicialmente ensinados no lar, foram reforçados por meio de disciplinas como História, Literatura e Música. O tecido cultural foi tão profundamente impregnado por esses valores que os desafiar tornou-se sinônimo de antissocialidade.

Hoje, nos encontramos em um cenário educacional complexo, no qual as crianças praticamente residem nas escolas. O extenso período integral, que se inicia às 7h da manhã e se estende até as 20h, é apenas o começo. A busca por conhecimento se estende além do expediente escolar, com aulas extracurriculares, como de Inglês e Espanhol, enquanto os pais, muitas vezes, se esforçam para acompanhar o ritmo frenético da vida moderna, entre revisar e-mails e momentos de descanso diante das telas de celulares. Essa é a jornada contemporânea da educação, moldada pelas lições do passado, mas inegavelmente única em sua própria complexidade.

#A escola como guardiã do conhecimento e das emoções

A escola contemporânea, por sua natureza evolutiva, transcendeu os limites de uma mera instituição de ensino. Hoje, ela desempenha o papel dos pais em muitos aspectos, educando intelectualmente e, também, moldando o caráter emocional de crianças e adolescentes. Contudo, essa transformação não ocorre sem desafios, pois a substituição de valores pode privar os jovens dos vínculos afetivos essenciais para o seu desenvolvimento.

Na perspectiva atual, a educação tem um objetivo claro: preparar as gerações futuras para um mundo em constante transformação. Isso implica ir além do ensino tradicional de valores morais e se estender para o desenvolvimento de habilidades fundamentais. As escolas, assim, devem ser catalisadoras do sucesso na vida, capacitando os alunos com competências como liderança, resolução de problemas, trabalho em equipe e habilidades comunicativas. Além disso, a educação moderna deve abordar questões sociais e ambientais, fornecendo às crianças as ferramentas necessárias para enfrentarem os desafios do amanhã.

Em sua gênese, as escolas tinham como propósito principal o ensino dos fundamentos acadêmicos, desde a leitura e escrita até cálculos, conteúdos de História e Geografia. A responsabilidade moral recaía, no entanto, sobre os pais. Por sua vez, a escola tinha o encargo de desenvolver habilidades sociais e de trabalho em equipe. A parceria entre pais e educadores era fundamental para criar um ambiente propício ao aprendizado e ao cultivo de princípios morais.

O marco de 1990 viu a ascensão de um movimento transformador: a Inteligência Emocional (IE) nas escolas. Peter Salovey e John Mayer, em seu seminal artigo, definiram a IE como a capacidade de reconhecer emoções alheias, adaptar-se a ambientes sociais e utilizar emoções para auxiliar o pensamento. Desde então, a IE tornou-se uma peça essencial do quebra-cabeça educacional global.

Fundamentada na teoria de Goleman (1995), a IE nas escolas visa aprimorar as habilidades emocionais dos alunos. Isso se traduz em uma consciência emocional mais aguçada, habilidades sociais refinadas, como comunicação e empatia, e o desenvolvimento de competências para uma vida mais plena.

Essa incursão na inteligência emocional não é desprovida de propósito. Sua necessidade emergiu quando as escolas perceberam a lacuna deixada pela ausência dos pais na educação emocional de seus filhos. A negligência em casa, por vezes, coloca uma carga significativa sobre educadores e diretores, que se veem obrigados a desempenhar o papel parental em meio a desafios complexos. O apoio parental torna-se crucial para criar um ambiente de aprendizado seguro e saudável, onde tanto a educação acadêmica quanto a emocional possam florescer plenamente.

A educação, ao longo dos tempos, emergiu como um farol, proporcionando acesso ao conhecimento e habilidades fundamentais para a vida. Tanto para o desenvolvimento individual quanto para o bem-estar coletivo, a educação é a chave que desbloqueia portas, promovendo inclusão social e equalizando oportunidades. Seu propósito transcende a mera transmissão de informações; ela visa preparar os alunos para os desafios da existência, capacitando-os a tomar decisões informadas e contribuir para mudanças positivas na sociedade.

No Brasil, a trajetória da educação é entrelaçada com a história da colonização e da independência. Desde a introdução do ensino escolar obrigatório pelos colonizadores portugueses até as atuais reformas educacionais, a educação no país passou por diferentes estágios. No entanto, desafios persistentes, como desigualdades regionais, baixos salários dos professores e dificuldades de acesso, continuam a marcar o cenário educacional.

As reformas educacionais no Brasil, ao longo da história, visaram melhorar a qualidade do ensino e superar desafios estruturais. No entanto, muitas dessas iniciativas não produziram os resultados esperados. O país ainda enfrenta obstáculos significativos, sendo classificado como detentor de um dos piores sistemas educacionais do mundo. O governo brasileiro tem lançado programas, como o Programa Nacional de Acesso à Educação Básica, para combater o abandono escolar, especialmente entre crianças de famílias de baixa renda. Apesar desses esforços, o ensino médio e o superior permanecem inacessível para muitos, impactando o desenvolvimento econômico.

A linha do tempo educacional brasileira, conforme delineada pelo Ministério da Educação (MEC) em 2020, destaca momentos cruciais.

1549 - Chegada dos portugueses ao Brasil, introduzindo o ensino escolar obrigatório em três ciclos: primário, secundário e superior.

1822 - Independência do Brasil, com a criação de escolas públicas e a obrigatoriedade da educação primária.

1891 - Investimento do Estado na educação, estabelecendo a Escola Normal e a Escola de Agricultura.

1934 - Criação do Ministério da Educação, assumindo o controle das políticas educacionais.

1960 - Investimento em programas de qualidade, como o Programa Nacional de Acesso à Educação Básica.

1996 - Lançamento do Programa de Apoio ao Aperfeiçoamento do Ensino Superior (PROAC).

2006 - Criação do Programa Mais Educação para aumentar o acesso à educação para crianças e adolescentes.

2016 - Lançamento do Programa Universidade para Todos (Prouni), oferecendo bolsas de estudo para estudantes de baixa renda.

2020 - Lançamento do Programa Nacional de Acesso ao Ensino Técnico e Emprego (Pronatec), visando aumentar o acesso a cursos técnicos e profissionalizantes.

Apesar desses esforços, o desafio persiste. O sistema educacional brasileiro ainda enfrenta obstáculos, refletidos nas altas taxas de evasão, especialmente entre os menos favorecidos. A busca por soluções eficazes continua, impulsionada por um compromisso inabalável com a melhoria da educação nacional. O Brasil ainda tem um longo caminho a percorrer para alcançar padrões internacionais de excelência educacional. A busca pela evolução educacional é uma jornada constante, e a esperança reside no comprometimento contínuo de todos os envolvidos no processo educativo.

Comparando com o Índice de Desenvolvimento da Educação para Todos (IDEA) de 2020, os 10 países com o melhor desempenho educacional incluem Finlândia, Dinamarca, Suíça, Holanda, Noruega, Japão, Coreia do Sul, Reino Unido, Canadá e Suécia. Eles compartilham princípios e práticas que os destacam no cenário mundial.

Esses países entendem que o investimento em educação é um investimento no futuro e comprometem recursos substanciais para garantir que todos os estudantes, independentemente de sua origem socioeconômica, tenham acesso a uma educação de qualidade, desde o ensino básico até o ensino superior. Essa abordagem inclusiva visa eliminar disparidades educacionais e criar uma sociedade mais equitativa.

1. **Professores qualificados:** reconhecendo o papel crucial dos professores no sucesso do sistema educacional, essas nações implementam procedimentos rigorosos para selecionar e treinar educadores. A ênfase na qualificação assegura que os alunos se beneficiem da instrução de profissionais altamente

capacitados, promovendo um ambiente de aprendizado eficaz e estimulante.
2. **Recursos adequados para o desenvolvimento da aprendizagem:** os países exemplares não economizam na oferta de recursos para o desenvolvimento educacional. Bibliotecas bem equipadas, laboratórios de informática avançados e outros equipamentos modernos são disponibilizados para auxiliar os alunos em seu percurso educacional. A infraestrutura robusta visa criar um ambiente propício para a exploração do conhecimento.
3. **Avaliação contínua do desempenho dos alunos:** a avaliação regular do desempenho dos alunos é uma prática fundamental adotada por esses países. Essa abordagem não apenas garante que os alunos estejam recebendo um ensino de qualidade, mas também funciona como uma ferramenta de diagnóstico para identificar áreas de melhoria no sistema educacional. O compromisso com a avaliação contínua demonstra uma busca incessante pela excelência.

Essas medidas coletivas formam a espinha dorsal dos sistemas educacionais que colocam esses países no topo da lista de qualidade educacional. O investimento maciço, a seleção cuidadosa e a formação robusta de professores, a oferta de recursos modernos e a avaliação constante do desempenho dos alunos são práticas que se entrelaçam harmoniosamente para nutrir ambientes educacionais onde cada estudante tem a oportunidade de desenvolver todo o seu potencial. Em última análise, esses países modelam um paradigma educacional que transcende fronteiras, inspirando outros a buscarem a excelência em seus próprios sistemas educacionais.

Logo, num mundo em constante evolução, a educação emerge como a bússola que guia o desenvolvimento humano. É um processo intricado, moldando conhecimento, habilidades e valores nos indivíduos, erguendo as bases para o progresso de uma nação. Este capítulo nos conduzirá por um fascinante mergulho na história da educação, desvendando suas múltiplas dimensões: educação formal, educação não formal e educação informal.

1. Educação formal: o aprendizado nas instituições

A educação formal, representada por escolas e universidades, é a forja onde se moldam mentes e se esculpem futuros. É o conhecimento sistematizado, ministrado por mestres em ambientes educacionais formais. A busca pelo saber encontra seu palco nas salas de aula, onde o aluno não apenas absorve fatos, mas também forja relações, descobre paixões e desenvolve habilidades essenciais.

2. Educação não formal: além dos limites institucionais

Ao transcender os limites das instituições formais, a educação não formal abre as portas para um aprendizado mais flexível. Cursos online, programas de treinamento e liderança tornam-se trilhas educacionais alternativas. Nesse cenário, o aprendizado não está confinado às estruturas convencionais, permitindo que os indivíduos trilhem seus próprios caminhos em busca do conhecimento.

3. Educação informal: a vida como mestra

A educação informal, em contrapartida, é entrelaçada com a vida cotidiana. No aconchego do lar, a convivência com os pais tece os fios da educação do caráter, da ética e moral. Experiências como trabalho, viagens e imersões em outras culturas constituem capítulos valiosos no livro da aprendizagem. Fonseca (2010) ressalta a importância dessa forma de educação, em que cada experiência é uma lição e cada desafio é uma oportunidade de crescimento.

4. A educação como arte da preparação para a vida

O objetivo central da educação é claro: preparar as pessoas para a vida. Desenvolver habilidades e competências que pavimentem o caminho para o sucesso é a essência desse empreendimento educacional. Rickes (2002) destaca que a educação proporciona conhecimento e, também, incute um senso de responsabilidade, expandindo horizontes e proporcionando uma visão mais ampla do mundo.

6
O DILEMA DA TERCEIRIZAÇÃO EDUCACIONAL: FAMÍLIA *VERSUS* ESCOLA

No intrincado tecido da educação, surge uma temática de debate constante: a terceirização da responsabilidade educacional das famílias para a escola. Este é um tópico multifacetado, repleto de nuances, opiniões diversas e discussões acaloradas. A transferência da incumbência pela educação e formação das crianças da família para a instituição escolar desencadeia reflexões profundas sobre o papel de cada entidade nesse processo.

A ideia de terceirização educacional surge da necessidade crescente de conciliar as demandas sociais e econômicas contemporâneas. Com a ascensão da participação feminina no mercado de trabalho e a pressão econômica que muitas famílias enfrentam, a escola se torna uma solução prática para equilibrar trabalho e atenção aos filhos. No entanto, a complexidade desse fenômeno reside nas implicações que essa transferência pode ter sobre os valores, a influência parental e o controle sobre a formação dos filhos.

#Fatores Impulsionadores da Terceirização Educacional

1. **Mudanças sociais e econômicas**: o aumento da presença feminina no mercado de trabalho e a necessidade de sus-

tentar a família com ambos os pais trabalhando podem impelir a terceirização educacional para a escola. A escola, então, torna-se uma aliada na árdua tarefa de equilibrar as responsabilidades familiares e profissionais.

2. **Especialização e conhecimento técnico:** a escola é vista como uma instituição especializada na transmissão de conhecimentos e habilidades específicas. Os pais confiam na escola para proporcionar uma educação de qualidade e especializada que pode ser crucial para o futuro de seus filhos.

3. **Globalização e complexidade do mundo moderno:** num mundo caracterizado por mudanças rápidas e uma crescente complexidade de conhecimentos e habilidades, os pais podem perceber a escola como mais equipada para preparar seus filhos para os desafios do ambiente moderno.

Entretanto, é crucial ponderar sobre as possíveis ramificações dessa terceirização. Preocupações emergem, desde a perda de valores familiares e falta de envolvimento parental até a padronização do ensino e a carência de atenção individualizada às necessidades de cada criança.

#Consequências da terceirização educacional

1. **Perda de valores familiares**: a terceirização pode resultar na diluição dos valores familiares, uma vez que a escola assume parte significativa da responsabilidade educacional.

2. **Falta de envolvimento dos pais:** a delegação excessiva pode levar à apatia dos pais em relação à educação de seus filhos, resultando em um afastamento prejudicial ao desenvolvimento educacional.

3. **Possível padronização do ensino:** a busca pela eficiência pode levar à padronização do ensino, prejudicando a diversidade de abordagens e métodos educacionais.

4. **Desestímulo ao envolvimento parental:** a terceirização excessiva pode desencorajar os pais a envolverem-se ativamente na educação de seus filhos, criando uma desconexão entre a escola e a família.

É imperativo que os pais se mantenham ativamente envolvidos na educação de seus filhos, independentemente da opção escolhida. O diálogo constante entre família e escola, a colaboração ativa e a preservação dos valores fundamentais são essenciais para garantir que o processo educacional seja enriquecedor e alinhado aos princípios fundamentais para o desenvolvimento integral das crianças. O desafio reside em encontrar um equilíbrio delicado entre as demandas contemporâneas e a preservação dos valores, que são pilares essenciais para a formação da próxima geração.

A terceirização da educação, um fenômeno marcante dos tempos contemporâneos, revela-se como uma decisão complexa e desafiadora. Ao transferir a responsabilidade educativa da família para a escola, emergem desafios e desigualdades que ecoam pelos corredores da sociedade. Este capítulo explora as complexidades dessa dinâmica, destacando as dificuldades que surgem desse processo.

#Desigualdades geradas pela terceirização educacional

1. **Desigualdade de acesso**: a terceirização pode criar disparidades no acesso à educação, uma vez que as famílias de baixa renda podem enfrentar obstáculos para matricular seus filhos em escolas particulares, limitando suas oportunidades educacionais.
2. **Falta de recursos e serviços:** a opção por escolas particulares pode resultar na escassez de recursos e serviços nas escolas públicas, impactando negativamente a qualidade da educação oferecida às crianças cujas famílias não optam pela terceirização.
3. **Desigualdades de oportunidades:** a terceirização pode acentuar desigualdades, desencorajando famílias de baixa renda a buscarem a educação desejada para seus filhos, perpetuando um ciclo de desvantagens.

O debate em torno da terceirização educacional é intenso, com vozes diversas e opiniões contrastantes. Arendt (1977), filósofa política e teórica social, oferece uma perspectiva crítica, enxergando-a como um sintoma da crise social. Sua visão destaca os impactos negativos sobre o desempenho dos alunos e o ambiente educacional, argumentando que contribui para a desprivatização da educação, afastando-a dos interesses fundamentais de professores e alunos.

Temos uma alerta para a desvalorização dos professores ao permitir que profissionais externos exerçam funções antes exclusivas dos educadores, comprometendo a qualidade do ensino. Apesar dos possíveis benefícios econômicos da terceirização, há o risco de desviar o foco principal da educação de seus alunos para as questões econômicas.

#O desafio de equilibrar benefícios e qualidade educativa

- Redução de custos e facilidade de contratação: a terceirização pode oferecer vantagens econômicas, mas é crucial manter um equilíbrio para não comprometer a qualidade educativa em prol de ganhos financeiros.
- Foco principal na educação dos alunos: a busca pelo equilíbrio implica garantir que, ao terceirizar, o foco principal permaneça na educação integral dos alunos, preservando valores e princípios fundamentais.

Uma socióloga brasileira destaca os desafios atuais da educação, enfatizando a necessidade de uma pedagogia inclusiva e atualizada que aborde questões culturais, étnicas, de gênero, além de temas como mudanças climáticas e conscientização ambiental. Ela aponta para a urgência de um currículo abrangente e atualizado, que dialogue com as demandas sociais e as necessidades dos alunos.

#Desafios na educação brasileira

1. **Industrialização da educação:** o Brasil enfrenta a industrialização da educação, em que o foco no preparo para o mercado de trabalho pode comprometer a capacidade dos alunos de pensar de forma crítica e criativa.
2. **Padronização do ensino:** a industrialização resulta na padronização do ensino, eliminando diferenças entre alunos e limitando o desenvolvimento de suas individualidades.

O contexto educacional brasileiro enfrenta desafios que vão além da terceirização. Marcado pela industrialização da educação, o sistema atual clama por uma revisão que priorize tanto a quantidade quanto a qualidade da formação dos alunos, preparando-os não apenas para serem funcionários, mas também líderes críticos e criativos. O desafio, portanto, reside em encontrar um equilíbrio que harmonize a eficiência da terceirização com o cuidado essencial à qualidade educativa.

Podemos então refletir sobre a complexidade da terceirização educacional, destacando os desafios imediatos e os caminhos a serem trilhados para uma educação mais equitativa, inclusiva e alinhada às necessidades emergentes da sociedade. O dilema persiste, mas a busca por soluções inovadoras e integradoras pode ser a chave para uma transformação educacional significativa.

O fenômeno da industrialização escolar, que teve sua gênese nas décadas de 1960 e 1970, marcou uma era de transformações na educação. Educadores, em busca de aprimoramento, incorporaram modelos industriais para aprimorar o processo de ensino e aprendizagem. Sob essa ótica, alunos passaram a ser tratados como produtos e professores como fabricantes, com a meta de otimizar a educação por meio de processos de produção, gerenciamento de tempo e estratégias de otimização.

#Os cronogramas de recreação escolar: uma viagem ao passado e ao presente

A década de 1930 testemunhou o início dos cronogramas de recreação escolar. Esses programas visavam proporcionar aos alunos momentos de atividade física e diversão durante o horário escolar, incluindo jogos, brincadeiras e danças, distribuídos ao longo do dia letivo em intervalos regulares. Embora a ideia tenha evoluído e se globalizado, a implantação desses programas hoje pode acarretar desafios significativos para crianças e adolescentes.

1. **Adaptação a novas experiências**: para crianças em fase de aprendizado, a introdução a novas atividades pode ser desafiadora, exigindo tempo e esforço para a adaptação a jogos, brincadeiras e interações com colegas.

2. **Distância do lar e dos pais:** a necessidade de permanecer longe da escola e dos pais por extensos períodos pode gerar sentimentos de solidão e desconforto, especialmente para crianças mais jovens.

3. **Pressão para acompanhar o ritmo:** crianças podem se sentir pressionadas ao tentar acompanhar colegas mais experientes, expondo-as a um ambiente de competição que nem sempre é benéfico para o desenvolvimento emocional. A imposição de "mais programas e interações" na grade acadêmica levanta questões fundamentais sobre o papel da escola na sociedade. Esperar que a escola assuma responsabilidades que vão além do seu escopo, como a construção moral e ética dos alunos, pode ser interpretado como uma violência contra crianças e adolescentes.

4. **Responsabilidade familiar e a corrida pela educação**: a transferência da responsabilidade educacional do lar para a escola cria uma dinâmica peculiar. Pais que adotam essa prática colocam seus filhos em uma corrida desigual, na qual a falta de oportunidades e condições básicas, como carteiras escolares, reflete uma injustiça social. A atitude cotidiana dos pais **desempenha um papel crucial nesse processo.**

#A educação que vai além das salas de aulas

A formação ética e moral não pode ser delegada apenas à instituição escolar. A casa é o palco principal para a aprendizagem dos valores que moldarão o caráter dos indivíduos. Pequenos gestos, como o respeito aos contratos sociais e a honestidade, são lições que ecoam na educação doméstica.

O verdadeiro aprendizado não reside no conhecimento técnico, mas na construção ética que ocorre ao redor da mesa familiar. A reflexão sobre essas questões nos convida a repensar não apenas a educação atual, mas também o futuro dela.

A ética, como vimos anteriormente, muitas vezes reside nas pequenas ações do dia a dia. Desde o simples ato de dar um "bom dia" mesmo nos momentos adversos até o cuidado de não jogar lixo no chão, essas práticas cotidianas formam a base da educação moral. O cultivo dessa semente ética, desde a infância, é fundamental para moldar um indivíduo verdadeiramente educado.

Aprofundar-nos-emos nessa conscientização, adentrando um novo patamar, explorando duas instituições fundamentais: a família e a escola. Ambas enfrentam desafios e questões inerentes à sua natureza organizacional. O ciclo constante de desordem, organização e crescimento delineia o caminho evolutivo dessas instituições, destacando que a busca pela organização é um processo contínuo e inevitável.

Famílias, em sua maioria, se deparam com limitações ao prover condições e habilidades necessárias para preparar os filhos para a vida escolar. A família, reconhecida como o alicerce primordial para adquirir princípios educacionais, enfrenta obstáculos como a falta de conhecimento sobre as exigências educacionais, recursos financeiros limitados e a escassez de tempo devido ao trabalho. A ausência de suporte de figuras adicionais, como avós e tios, amplifica esses desafios.

Apesar dos desafios, é possível educar crianças em ambientes difíceis nos pilares da ética, moral e valores. Estabelecer limites claros e consistentes, baseados no respeito, na comunicação e na compreensão, é um dos primeiros passos. A disciplina bem fundamentada é essencial para moldar comportamentos desejáveis. Modelar o comportamento é uma poderosa ferramenta educacional, em que os pais desempenham um papel fundamental.

A visão holística contribui para essa narrativa, abordando as falhas parentais de maneira holística, incorporando não apenas aspectos comportamentais, mas também emocionais. Seu enfoque na criação dos filhos, visando a objetivos amplos, como autoconhecimento, responsabilidade, resiliência e compaixão, destaca a importância de construir um relacionamento saudável e honesto.

Entendemos, então, a importância de assumir a responsabilidade. A importância de os pais assumirem a responsabilidade por seus erros, incentivando, assim, a honestidade e a responsabilidade nos filhos. Esse processo auxilia no desenvolvimento da consciência sobre as ações e suas consequências, moldando adultos maduros e responsáveis.

Num olhar crítico, é abordada a falência da família em seu papel primordial de educadora moral. Ele aponta para a delegação desorientada da responsabilidade educacional para a escola, muitas vezes aprofundada por profissionais sem paixão pelo ensino, sem equilíbrio emocional, ou até mesmo por filhos que não respeitam as figuras parentais. Esse processo, segundo ele, compromete o respeito pelos professores e a aceitação do conhecimento.

À vista disso, compreendemos a necessidade urgente de uma abordagem holística na educação. Integrando esforços entre famílias e escolas, podemos criar um ambiente educacional que vá além do conhecimento acadêmico, visando ao desenvolvimento ético e moral dos futuros cidadãos. Educar não é apenas transmitir informações, é nutrir valores, moldar caráter e preparar para a vida.

Quando mergulharmos nas águas da educação, deparamo-nos com uma realidade intrigante: a escola tornou-se o que alguns chamam de "segunda mãe". No entanto, surge uma inquietante interrogação: como a escola pode ser um segundo lar se a família não é a primeira? Esse questionamento conduz-nos a uma reflexão profunda sobre o caos que tem permeado nosso cenário educacional.

O caos manifesta-se nas atitudes desrespeitosas de filhos contra pais e na trágica violência que atinge os professores. O fenômeno do bullying, um flagelo instaurado nas salas de aula, torna-se um sintoma alarmante. A perplexidade diante de crianças que desafiam publicamente, seja em aviões, aeroportos ou shoppings, suscita uma questão crucial: a que isso está relacionado? A resposta ressoa na falência pessoal e na transferência equivocada da responsabilidade educacional da família para a escola.

O crescente nível de violência nas escolas não é uma problemática localizada, mas sim uma condição sistêmica e endêmica. O grito de alerta ressoa em cada instituição educacional, exigindo uma revisão urgente dos papéis e responsabilidades familiares. Se a família não assumir seu papel positivo, ensinando valores fundamentais como disciplina, respeito, hierarquia, amor e acolhimento, a escola ficará desprovida das ferramentas necessárias para enfrentar a violência que a permeia.

A busca por uma estrutura escolar impecável, investindo em escolas de prestígio, mesmo em regime integral, não é uma garantia de formação de bons cidadãos. O discurso de que "é melhor o filho estar na escola do que nas ruas" revela uma lacuna significativa. A constatação de que até escolas de classe média alta, com padrões internacionais, abrigam elementos marginais e usuários de drogas é impactante. Esse fenômeno está enraizado na falta de educação moral no âmbito familiar.

Nesse contexto, torna-se evidente que a reconstrução dos alicerces da educação requer uma transformação profunda na dinâmica familiar. A família, como a primeira e essencial escola, deve assumir sua responsabilidade moral e ética. Somente quando a educação moral for cultivada no seio familiar, poderemos vislumbrar uma mudança efetiva na paisagem educacional, em que a escola e a família caminham juntas na formação de cidadãos íntegros e responsáveis.

IMPACTOS DA EXTERNALIZAÇÃO DA EDUCAÇÃO FAMILIAR NA ESCOLA

Ao explorar as consequências da transferência da responsabilidade educacional dos pais para a escola, deparamo-nos com uma série de efeitos adversos, especialmente evidenciados na autoestima fragilizada dos alunos. Este capítulo propõe uma análise aprofundada dessas implicações, destacando a importância fundamental das necessidades emocionais para o desenvolvimento humano.

A teoria de Maslow (1943) ressalta três necessidades básicas vitais para o equilíbrio emocional e o florescimento pessoal:

1. sentir-se importante;
2. sentir-se valorizado;
3. sentir-se respeitado.

A negligência dessas três necessidades básicas, muitas vezes decorrente da transferência inadequada da educação familiar para a escola, instaura um desequilíbrio que pode manifestar-se em compulsões.

A falta de atenção às necessidades fundamentais pode resultar em comportamentos compulsivos entre jovens e adolescentes. Essas compulsões, frequentemente associadas a distúrbios de ansiedade, emergem como respostas a um vazio existencial, à ausência paterna e materna e a um sentimento de depressão ou ansiedade. Entre elas, destacam-se:

1. **compulsões comportamentais:** envolvem ações como jogar, beber, fumar ou usar drogas, alterando a rotina diária e consumindo mais tempo desses jovens;
2. **compulsão de compra:** manifesta-se na ânsia de adquirir itens desnecessários, muitas vezes além dos meios financeiros disponíveis;
3. **compulsão alimentar:** caracterizada por excessos alimentares mesmo quando não há fome, tornando-se uma válvula de escape para emoções reprimidas;
4. **compulsão de limpeza:** traduz-se no hábito obsessivo de limpar, frequentemente levando à exaustão física e mental;
5. **compulsão emocional:** relacionada a sentimentos intensos, como ansiedade, depressão, raiva ou culpa, muitas vezes desencadeada pela tentativa de interromper o uso de substâncias.

#Diversas faces das compulsões: explorando tipos e sintomas

Cada tipo de compulsão apresenta sintomas distintos, abrangendo desde comportamentos até padrões de pensamento. Desde a compulsão de compra até a compulsão cognitiva, o livro explora uma gama de fenômenos psicológicos, destacando a complexidade desses desafios enfrentados pelos jovens.

Uma forma significativa de compulsão é o isolamento, manifestado por meio do afastamento físico, social ou emocional. Ao imergir em seus quartos, conectados a dispositivos móveis, crianças e adolescentes buscam compensar a falta de interação genuína. Esse comportamento, muitas vezes justificado pelo desejo de comunicação, traz consigo riscos à saúde mental.

Diante desses desafios, a orientação e educação familiar emergem como ferramentas cruciais. Os pais, cientes dos riscos, devem oferecer orientação sobre o uso consciente de dispositivos móveis e incentivar atividades familiares. O capítulo propõe estratégias para mitigar os impactos negativos dessas compulsões, destacando o papel essencial da educação familiar na construção de uma geração equilibrada e mentalmente saudável.

Deparamo-nos então com os reflexos nas esferas financeira e emocional, pois ao explorarmos as complexidades das compulsões em crianças e adolescentes, destacamos uma faceta particularmente insidiosa: a crença de que a posse de itens caros e luxuosos é sinônimo de importância e admiração social. Em vista disso, mergulhamos nas ramificações dessa compulsão, analisando como a aquisição impulsiva pode ter efeitos prejudiciais não apenas nas finanças, mas também no bem-estar emocional.

A busca por validação social por meio de bens materiais muitas vezes leva a gastos excessivos, ultrapassando frequentemente as capacidades financeiras dos pais. Esse comportamento, em parte motivado pela culpa da transferência de responsabilidade educacional, cria uma teia de problemas financeiros e emocionais. A aquisição torna-se uma forma de compensar lacunas emocionais, preencher necessidades e, paradoxalmente, agravar a baixa autoestima.

Pesquisas aprofundadas investigam os efeitos psicológicos da necessidade de possuir itens luxuosos para validar o status social. Visamos compreender como essa busca incessante por pertences materiais está intrinsecamente ligada a questões como inadequação, ansiedade, baixa autoestima e transtornos do humor. Examinamos também os impactos em todas as faixas etárias, explorando a complexidade dessa dinâmica.

A raiz desse dilema encontra-se no lar, onde a falta de educação moral impacta diretamente a formação dos filhos. A família, sendo o primeiro contato com o mundo, tem a responsabilidade crucial de moldar valores, ética e princípios. Enfatizamos a necessidade urgente de os pais educarem seus filhos em casa para evitar danos emocionais significativos, destacando que a moralidade inculcada na família é a base para cidadãos exemplares.

À medida que as famílias estabelecem um sistema de educação pautado na colaboração, empatia, responsabilidade e deveres, elas contribuem para a formação de indivíduos cooperativos em qualquer ambiente. A negligência ou transferência dessa responsabilidade para a escola resulta em uma geração de egoístas, incapazes de respeitar autoridades e, eventualmente, rebeldes contra figuras de liderança.

O ciclo de desconexão: a narrativa explora a trágica consequência do isolamento emocional, evidenciada na incapacidade de crianças e adolescentes manterem relacionamentos interpessoais. Ao analisar os sinais de falência familiar manifestados na escola, o capítulo destaca a importância de uma educação moral sólida para evitar o caos social resultante de gerações desprovidas desse alicerce.

Por meio de uma análise das fases de intervenção na escola, temos a última etapa de tentativas frustradas de correção e orientação. Esse estágio crucial, antes de medidas disciplinares mais severas, representa o esgotamento de recursos educacionais na tentativa de resgatar alunos, enfatizando a necessidade premente de cooperação entre família e escola.

#A sobrecarga da escola e a desistência dos educadores

Claro que o impacto direto da negligência parental na educação dos filhos resulta na sobrecarga da escola e na desistência emocional dos educadores. Analisamos as consequências profundas dessa dinâmica para alunos, professores e instituições de ensino.

Quando os pais falham em cumprir seu papel essencial na educação de seus filhos, é a escola que assume as rédeas dessa responsabilidade. O custo significativo dessa transição, exigindo da escola mais tempo, recursos e energia para preencher lacunas educacionais deixadas pelos pais, termina em exaustão. O resultado é um declínio no nível de aprendizado, afetando o aluno negligenciado e, também, toda a classe.

A "Janela Killer" e a desistência dos professores: introduzimos o conceito de "Janela Killer", criado por Cury (2007), que descreve uma visão limitada que perpetua a violência. Exploramos como essa mentalidade restrita afeta professores que, ao se depararem com alunos mal-educados devido à negligência familiar, se veem presos em uma janela de compreensão estreita. Isso não apenas impacta a qualidade do ensino, mas também compromete o desenvolvimento da inteligência emocional.

A desistência emocional de educar o aluno é abordada como um fenômeno em que educadores se sentem desmotivados ou incapazes de lidar com as necessidades emocionais dos alunos. Exploramos os fatores que contribuem para essa desistência, como a falta de recursos e habilidades ou o receio de enfrentar comportamentos desafiadores. Destacamos as consequências negativas dessa desistência para os alunos, que podem experimentar agressividade, isolamento e até mesmo a desistência escolar.

#Afastamento do professor por doença: impactos e causas

Analisamos a relação entre o afastamento de professores por motivos de saúde e o ambiente hostil nas escolas. Os impactos psicológicos, como estresse, ansiedade e depressão, decorrentes de assédio e violência dos alunos, são discutidos como fatores significativos para esse afastamento. Examinamos ainda a crescente problemática da violência escolar e suas implicações no bem-estar mental dos educadores.

A complexidade da saúde mental dos professores: utilizando dados e relatos da reportagem "Professores se afastam por saúde mental em meio à violência nas escolas", exploramos a epidemia de problemas de saúde mental enfrentados pelos professores. Analisamos as diversas pressões enfrentadas, como violência verbal e física, falta de recursos e crescente burocracia. Destacamos como esses fatores contribuem para o absenteísmo e a rotatividade, impactando adversamente a qualidade da educação.

Claro que existem estratégias necessárias para reverter esse cenário e resgatar a integridade do ambiente educacional, fomentando o bem-estar tanto dos alunos quanto dos educadores.

Apesar de a educação ser reconhecida como um componente estratégico para o desenvolvimento pessoal e social, no Brasil, os profissionais dedicados a essa área enfrentam desafios de desvalorização social, financeira e, em alguns casos, violência. O processo de redemocratização em 1988 introduziu transformações significativas no modelo pedagógico, ampliando o acesso ao ensino. No entanto, desde então, o sistema educacional lida com dificuldades financeiras, problemas de planejamento, manifestações sociais e mudanças nas exigências para os educadores, impondo um notável desafio para essa classe.

Os professores desempenham um papel crucial como autoridades, não no sentido autoritário, mas como representantes do mundo, possuindo qualificações, conhecimento e conteúdo específico para transmitir. Algumas das premissas apresentadas por Arendt incluem:

1. educadores detêm habilitação e autoridade;
2. um professor não deve ministrar uma disciplina na qual não tenha formação;
3. a qualificação, por si só, não garante a autoridade;
4. autoridade implica assumir a responsabilidade pela educação;
5. o professor é responsável pelo processo educacional.

Educadores e adultos devem assumir a responsabilidade pela preparação das novas gerações, capacitando-as para renovar e inovar o mundo.

Quando retiramos os professores do centro do palco, da posição de protagonistas de sua autoridade e papel representativo no mundo, privamos a sociedade de uma peça fundamental. A educação se torna o ponto crucial, em que decidimos se amamos o mundo o suficiente para assumir a responsabilidade por ele. É por meio desse gesto que podemos preservá-lo da ruína inevitável que ocorreria sem a renovação trazida pelos novos e pelos jovens. Além disso, a educação é o espaço em que refletimos se amamos nossas crianças o bastante para não as excluir do nosso mundo, negando-lhes a oportunidade de realizar algo novo e surpreendente para nós. Ao invés disso, preparamos, antecipadamente, as gerações futuras para a tarefa de renovar um mundo comum.

A terceirização da educação das famílias para a escola é um fenômeno complexo que desencadeia diversas consequências, cujo impacto é influenciado por contextos e circunstâncias específicas. Neste capítulo, exploraremos algumas das possíveis ramificações desse processo e como elas podem moldar o desenvolvimento das crianças.

Quando os pais transferem a responsabilidade educacional para a escola, arriscam perder parcelas significativas de controle e influência no desenvolvimento de seus filhos. A diminuição do envolvimento parental pode refletir-se em decisões cruciais sobre a vida acadêmica e formativa das crianças.

A educação familiar é a plataforma central para a transmissão de valores, crenças e tradições entre gerações. Para a escola, a externalização da educação pode gerar obstáculos à efetiva transmissão desses valores, contribuindo para uma diluição potencial dos princípios familiares em face da influência predominante dos colegas e da cultura escolar.

O elevado número de alunos nas escolas frequentemente resulta em desafios para proporcionar uma atenção individualizada. Essa lacuna pode comprometer o desenvolvimento integral de cada aluno, impedindo a adequação do processo educacional às necessidades específicas deles.

A terceirização pode incentivar uma ênfase excessiva na padronização do ensino, orientada para atender às exigências sistêmicas. Essa abordagem pode sacrificar a diversidade, a criatividade e a singularidade dos alunos, limitando o espaço para a manifestação plena de suas potencialidades.

O declínio do envolvimento ativo dos pais na vida escolar dos filhos é uma possível consequência da terceirização educacional. Esse afastamento pode repercutir negativamente no desempenho acadêmico, no desenvolvimento socioemocional e na motivação dos alunos, uma vez que a participação e o apoio parental desempenham papéis fundamentais no sucesso educacional.

Contudo, é imperativo reconhecer que nem todas as consequências são negativas. A escola, como ambiente de aprendizado, pode oferecer experiências enriquecedoras, oportunidades sociais e acesso a recursos educacionais valiosos. Alcançar um equilíbrio entre a responsabilidade da escola e o papel ativo dos pais é essencial, promovendo uma parceria colaborativa que potencialize o desenvolvimento pleno e holístico de crianças e adolescentes.

8

A TRAMA PSICOLOGIA SOCIAL NA EDUCAÇÃO

A Psicologia Social emerge como um campo intrincado, em que os fios das relações humanas se entrelaçam, influenciando e sendo influenciados pelos múltiplos contextos sociais. Este capítulo se propõe a explorar os intricados matizes da Psicologia Social na educação, desvelando os "comos" e "porquês" que permeiam o comportamento em sociedade.

Fundada no estudo científico dos seres humanos, a Psicologia Social direciona seu olhar às relações interpessoais. A premissa fundamental reside na compreensão de que nossa forma de pensar e sentir é intrinsecamente moldada pelo tecido social que nos envolve. A análise abrange interações pessoa/pessoa, pessoa/grupo e grupo/grupo, desvendando os meandros do processo de influência social.

"Os homens não esperaram o advento da ciência social para formar ideias sobre o direito, a moradia, a família, o Estado, a própria sociedade" (Durkheim, 1986, p 45) – sublinha a ideia de que a sociedade, muito antes da ciência social, já esculpia concepções sobre direito, moral, família e sociedade, ilustrando a intrínseca relação entre a psique humana e o ambiente social.

Diversidade e influências culturais: a experiência e a conduta individuais variam substancialmente quando isoladas e quando inseridas em grupos. A sociedade contemporânea, rica em produtos culturais, molda indivíduos e influencia suas ações, proporcionando um pano de fundo cultural que guia o comportamento social.

"Todos concordam que a experiência e o comportamento do indivíduo são diferentes quando ele está sozinho do que quando está dentro de um grupo" (Sherif, 1966, p 57) — ressalta a influência marcante do ambiente social sobre a experiência e o comportamento individuais.

A influência de Piaget contribui ao argumentar que a Psicologia Social examina as influências sociais nas ações humanas e nas percepções da realidade. Piaget enxerga cada interação como única, geradora de significados distintos e criadora de novas compreensões. Sua reflexão incide sobre a influência da cultura no desenvolvimento cognitivo e nos processos de assimilação e acomodação.

"Logo, a Psicologia Social é um campo de estudo que lida com as influências sociais sobre o comportamento humano e as descrições que as pessoas fazem da realidade" (Piaget, 1971) — destaca a interconexão entre influências sociais e percepções da realidade na ótica piagetiana.

No âmbito educacional, as concepções que idealizam uma educação única alertam para a impossibilidade de estabelecer um modelo universal. A educação varia com o tempo e o meio, moldando-se conforme as necessidades da sociedade. A diversidade de propósitos educacionais ao longo da história ilustra a complexidade desse processo.

"Não há uma única forma de educação nem um modelo único, a escola não é o único lugar onde se faz educação" (Brandão, 1987) — sublinha a variabilidade intrínseca à educação, destacando que esta vai além dos limites escolares e se manifesta em múltiplos contextos.

Temos aqui a intenção de desvendar os intricados meandros das interações humanas, investigando a influência recíproca entre os indivíduos e seu entorno social. Este capítulo explora as múltiplas facetas da Psicologia Social, examinando como fatores psicológicos são moldados pelos contextos sociais e suas implicações na esfera educacional.

Adentramos, então, uma vasta gama de tópicos, abrangendo desde a formação de identidade social até a dinâmica de grupos, estereótipos, preconceitos, cooperação e conflito. Seu escopo envolve tanto os processos individuais, como cognições e emoções, quanto os coletivos, como dinâmicas de grupo e normas sociais.

No decorrer do exemplar, a Psicologia Social, por meio de pesquisas, examina como os indivíduos interpretam e atribuem significado ao mundo social. Investigando a formação de percepções sociais e a construção de representações sobre grupos e fenômenos sociais, a disciplina contribui para uma compreensão mais profunda dos mecanismos subjacentes ao pensamento e comportamento humanos.

Os resultados dessa pesquisa transcendem o âmbito acadêmico, encontrando aplicação prática em diversos setores, como psicologia clínica, educação, negócios, saúde, justiça social e políticas públicas. Essa abordagem multidisciplinar destaca a relevância da Psicologia Social na abordagem de desafios contemporâneos.

Os psicólogos sociais estão interessados em como pensamentos, sentimentos e comportamento dos indivíduos são influenciados pela presença real, imaginada ou implícita de outros. A relevância da Psicologia Social na construção de comunidades educacionais eficazes.

A filósofa Arendt desempenhou um papel significativo na compreensão das dinâmicas sociais e na formação de identidades individuais e coletivas. Sua visão crítica da abordagem determinista na Psicologia Social enfatiza a responsabilidade individual e a capacidade de agência.

Na educação, Arendt advogava por uma abordagem que cultivasse o pensamento autônomo e crítico, priorizando o desenvolvimento do julgamento moral. Para ela, a educação deveria formar cidadãos responsáveis e ativos, capazes de participar efetivamente na vida política e na esfera pública.

Conclui-se, então, a importância da Psicologia Social na compreensão dos processos psicológicos nas interações sociais e seu impacto no comportamento individual e coletivo. Além disso, ressalta-se a contribuição valiosa de pensadores na promoção de uma educação que valoriza o pensamento crítico, o discernimento moral e o engajamento cívico. A Psicologia Social é uma ferramenta fundamental para a promoção do bem-estar e harmonia nas sociedades contemporâneas.

#Educação responsável e Psicologia Social: reflexões sobre formação e influência

A compreensão da crise e do renascimento é destacada como uma voz que diagnosticou as causas do mal que aflige nossas sociedades contemporâneas. Sua crença na força do bem, na capacidade de renovação do bem comum e na superação de desafios é uma luz guia. Passamos a questionar o mundo de maneira próxima e direta, oferecendo instrumentos para a compreensão dos "tempos sombrios" que enfrentamos.

Uma abordagem educacional centrada no desenvolvimento do pensamento crítico e do julgamento moral destaca a importância da ação política e do engajamento público na formação da identidade social.

A crise não é apenas uma ruptura, mas uma oportunidade para superar preconceitos e buscar novos começos. No âmbito educacional, isso implica refletir sobre as responsabilidades associadas ao nascimento de novas gerações. A responsabilidade não é apenas em direção às crianças, mas também em relação ao mundo, que precisa ser protegido contra o assédio do novo que surge a cada geração.

Proteger as crianças envolve resguardá-las da exposição prematura a situações adultas, preparando-as simultaneamente para a convivência com a pluralidade. A família desempenha um papel crucial nesse processo, formando um escudo contra o aspecto público do mundo.

Considerada uma instituição intermediária, a escola se encaixa entre o domínio privado do lar e o mundo público. Representa, de certa forma, o mundo para a criança, ela facilita a transição da família para a sociedade. No entanto, Moscovici destaca que a escola, muitas vezes, não reflete verdadeiramente o mundo, sendo uma representação parcial.

Educar, neste mundo complexo, é um desafio, pois implica familiarizar os novos com um espaço-tempo centrado em atividades de fabricação e consumo. Pais e professores precisam acolher os recém-chegados, permitindo-lhes vivenciar sua singularidade e imprevisibilidade.

Moscovici, renomado psicólogo social francês, contribui significativamente com sua teoria das representações sociais. Essas representações são formas de conhecimento compartilhadas para compreender e lidar com o mundo. Ele explora a influência minoritária, destacando estratégias que as minorias utilizam para impactar a maioria.

A pesquisa de Moscovici enfatiza o papel das representações sociais em áreas cruciais, como saúde, política e meio ambiente. Ele ressalta que entender e abordar essas representações é essencial para promover a mudança social.

Na perspectiva da Psicologia, o pioneiro passo foi dado por Piaget ao investigar as representações de mundo na criança. Seus estudos sobre o pensamento infantil contribuíram para a compreensão desse aspecto e evidenciaram que o desenvolvimento dessas representações ocorre na interação da criança com seus pares e nas situações vivenciadas por ela.

O desenvolvimento infantil é marcado pelo gradual processo de formação de representações sobre diferentes aspectos da sociedade. Essas representações não surgem isoladamente, mas são fruto da influência dos adultos e resultado de uma atividade construtivista. A construção dessas representações se inicia a partir das trocas de experiências, sendo a qualidade dessas interações determinante nesse processo.

Ao nascer, apesar de a criança estar imersa em um mundo social, ela não dispõe de instrumentos intelectuais completos nem de uma representação clara do que a cerca. Sua compreensão do mundo se desenvolve ao longo do tempo, impulsionada pela interação contínua com o ambiente e com outros indivíduos.

Considerando o progresso do desenvolvimento humano como uma sequência universal, é possível afirmar que o indivíduo evolui em sua compreensão do mundo de maneira ordenada. Portanto, como ele compreende e organiza a realidade está intrinsecamente ligado ao desenvolvimento alcançado por suas estruturas intelectuais.

O conhecimento social, nesse contexto, refere-se às representações elaboradas pelo ser humano a partir de suas inúmeras atividades. Trata-se da compreensão das ideias sobre si mesmo e sobre os outros, um processo contínuo e dinâmico que se desenvolve ao longo da vida.

9

TRANSFORMAÇÕES NO CENÁRIO EDUCACIONAL AO LONGO DAS ERAS

Diversos estudos sobre a educação primata, voltada para uma abordagem histórica, utilizam dados comportamentais e análises genéticas para investigar a evolução da educação primata ao longo do tempo, evidenciando seu impacto nas gerações atuais. O campo da educação primata explora como as espécies de primatas desenvolveram comportamento social e habilidades vitais para sobreviver e se adaptar ao ambiente, desempenhando um papel fundamental na compreensão da evolução, que nos levou aos seres humanos de hoje.

Na educação primata, a prática de ensino em casa era comum, moldando comportamentos e habilidades por meio de uma abordagem que combinava treinamento, manejo comportamental, condicionamento, alfabetização e programação. Os primatas, reconhecidos como animais sociais, concentravam-se intensamente no desenvolvimento de habilidades sociais, interagindo em grupos e aprendendo a responder a comandos humanos. Essa prática educacional remonta aos primórdios da história dos primatas.

A inteligência notável dos primatas os levou a adaptar-se ao meio ambiente e ao convívio humano. Sua educação começou nos primórdios da história humana, quando os hominídeos aprenderam a se comunicar por meio de expressões faciais e gestos, transmitindo essas habilidades de geração a geração.

A educação primata surgiu como uma estratégia de sobrevivência, permitindo que os primatas adquirissem habilidades essenciais para o bem-estar. Com o tempo, desenvolveram outras capacidades, incluindo comunicação verbal e cultura. Atualmente, a educação primata é uma ferramenta vital para compreender a história evolutiva dessas espécies. Esse modelo educacional remonta aos primórdios da humanidade, quando os antepassados humanos viviam na natureza, reunindo-se em grupos para interagir socialmente e compartilhar conhecimentos, técnicas de sobrevivência, cuidados com filhotes e outros comportamentos sociais.

Segundo Kaur (2020), em *A Diferença entre a Educação Antiga e a Educação Moderna*, a educação antiga diferia substancialmente da contemporânea. Geralmente restrita a uma elite, os estudantes eram ensinados a ler, escrever, contar e compreender História e Filosofia. Transmitida oralmente, essa educação era fortemente influenciada pela religião, com ênfase nos ensinamentos religiosos e valores de disciplina e respeito pelos mais velhos.

Na antiguidade, a educação primária era quase exclusivamente voltada para os meninos, que aprendiam leitura, escrita, cálculo e valores sociais, como o respeito à autoridade. Antes disso, muitos pais adotavam a prática de ensinar seus filhos em casa, utilizando métodos de ensino oral. A partir dos séculos XVIII e XIX, a educação em casa foi considerada uma alternativa ao ensino tradicional, especialmente na Inglaterra, onde pais buscavam proporcionar educação adequada aos filhos.

Nos séculos XVIII e XIX, a educação estava centrada nos ideais do Iluminismo, enfatizando a razão e a ciência para preparar indivíduos responsáveis e produtivos. Os estudantes eram instruídos em disciplinas como Lógica, Retórica, Matemática, Literatura Clássica, História, Ciências e Filosofia, geralmente na língua materna e no latim. As mulheres eram educadas em casa ou em escolas particulares, com currículos mais leves do que os dos homens.

A educação das mulheres passou por grandes transformações. No século XVIII, a educação feminina era limitada a disciplinas básicas, como leitura, escrita, cálculo, línguas e artes domésticas. No entanto, no século XIX, as mulheres começaram a lutar pelos mesmos direitos educacionais que os homens. Cursos especiais foram criados para elas, proporcionando maior acesso à educação.

A partir do século XVIII, a educação ganhou destaque e se expandiu como parte integral da vida humana. O processo educacional tornou-se mais acessível e aprofundado, caracterizado por maior flexibilidade e diversidade. Nesse período, novos métodos de ensino, como aulas particulares, grupos de estudo e escolas especializadas, foram introduzidos, ampliando o acesso à educação. Os conteúdos também se diversificaram, abrangendo disciplinas como Ciências, Filosofia, Literatura e História. Houve uma notável expansão dos sistemas educacionais, marcada pela criação de universidades.

As primeiras universidades surgiram no século XII, na Europa, tornando-se mais acessíveis nas décadas subsequentes. Essas instituições foram estabelecidas com o propósito de formar líderes e intelectuais capacitados a atender às demandas da sociedade. Além de oferecer educação de nível superior em áreas como Ciências, Filosofia, Teologia, Medicina e Direito, as universidades desempenharam um papel crucial na difusão do conhecimento científico e na promoção de novos sistemas de pensamento.

Elas se originaram de escolas de Direito, Medicina e Teologia dos séculos anteriores, concebidas como centros de ensino superior fundamentais para o desenvolvimento da ciência, tecnologia e preservação cultural. Essas instituições tornaram-se focos de estudos e pesquisas, dando origem às primeiras bibliotecas, que serviram como fonte de pesquisa para professores e alunos.

A partir do século XII, o cenário educacional passou por transformações significativas. Inicialmente, as universidades foram criadas como centros de ensino superior voltados para a formação de líderes eclesiásticos, frequentadas predominantemente por homens brancos de classe alta em escolas privadas ou colégios religiosos. Contudo, no século XV, as universidades expandiram seu alcance, incluindo estudantes de diversas classes sociais e crenças religiosas. Essa expansão resultou em uma oferta mais diversificada de cursos, tornando o ensino acessível a indivíduos de baixa renda, diversas etnias e gêneros.

#A evolução e os desafios da educação nos séculos XIX e XX

No século XIX, o horizonte da educação expandiu-se para além das fronteiras das instituições acadêmicas, abraçando a educação primária, secundária e profissional. Essa ampliação resultou na formação de um sistema educacional mais abrangente, que não apenas facilitou o acesso à educação para adultos, mas também deu origem ao conceito de educação a distância. No século XX, a modernização da educação ganhou impulso com avanços tecnológicos e rapidez na transferência de informações. A educação a distância tornou-se proeminente, acompanhada pelo desenvolvimento de novas modalidades de ensino, como o ensino básico e superior, a educação virtual e a inclusão de novas áreas de conhecimento, como a tecnologia da informação.

Contudo, o crescimento educacional trouxe consigo desafios que se tornaram uma questão de relevância política. Essa problemática é intrinsecamente ligada à natureza política do sistema educacional americano, enraizada em sua história e nas origens imigrantes do país. O entusiasmo pela modernidade na educação, ao longo do século XXI, originou resultados desastrosos.

Na década de 1950, nos Estados Unidos, surgiu um debate sobre os problemas educacionais que ainda ecoa atualmente, abordando conceitos fundamentais que resistiram ao teste do tempo. O modelo educacional progressista, adotado amplamente em diversos países, exceto em escolas particulares e católicas, desafia as instituições educacionais a superarem obstáculos consideráveis. A escola, então, encontra-se diante do desafio de lidar com questões políticas cruciais, como a falta de habilidade de leitura dos alunos e o aparente atraso educacional em relação à Europa.

A crise na educação, muitas vezes atribuída à juventude do país em comparação com os padrões europeus, na realidade, reflete a complexidade dos problemas educacionais em uma sociedade avançada. Aplicar indiscriminadamente teorias pedagógicas modernas destaca a falha do progressismo pedagógico e evidencia a sofisticação dos desafios enfrentados com o crescimento da sociedade de massa.

A análise da crise educacional revela três pressupostos fundamentais subjacentes às medidas adotadas:

- a ideia de que as crianças são autônomas e autogeradoras, com adultos atuando apenas como facilitadores;
- a influência da Psicologia moderna e do Pragmatismo, transformando a Pedagogia em uma ciência do ensino geral;
- a adoção de uma teoria de aprendizagem pragmática, baseada na crença de que a compreensão surge principalmente por meio da prática.

A crise destaca a necessidade de os adultos desempenharem um papel ativo no auxílio ao desenvolvimento infantil, proporcionando conhecimento, habilidades práticas e valores morais. A concepção de que as crianças podem se desenvolver autonomamente é equilibrada pela compreensão de que a orientação adulta é crucial para o desenvolvimento pleno das capacidades infantis.

Diante desse contexto:

1. o primeiro pressuposto na crise educacional de Arendt (2003) destaca a necessidade de os adultos desempenharem um papel ativo na formação das crianças. Isso implica não apenas oferecer orientação, apoio e recursos educacionais adequados para auxiliar no desenvolvimento das crianças, mas também fornecer suporte psicológico e apoio financeiro, garantindo, assim, o acesso delas a uma educação de qualidade. Adicionalmente, os adultos devem incentivar o diálogo e o debate, criando oportunidades para as crianças expressarem suas opiniões e ideias. Portanto, os adultos devem agir como parceiros ativos na jornada educacional das crianças, proporcionando conhecimento acadêmico e orientação moral;

2. o segundo pressuposto da crise educacional relaciona-se à concepção contemporânea da Pedagogia, na qual a Pedagogia moderna se transformou em uma ciência do ensino em geral, influenciada pela Psicologia moderna e pelo Pragmatismo. Com isso, o foco deslocou-se para o ato de ensinar em si, em detrimento da formação de cidadãos e da preparação para a vida. A Pedagogia moderna, segundo Arendt, prioriza a mera transferência de conhecimento, negligenciando o desenvolvimento de caráter e habilidades intelectuais essenciais;

3. o terceiro pressuposto destaca que, em vez de concentrar-se na memorização passiva de fatos, dados e informações, a educação deve priorizar a aplicação prática desses conhecimentos. O ensino deve propiciar situações que permitam que os alunos apliquem ativamente o que aprenderam, compreendendo como isso se relaciona com o mundo real. O objetivo é desenvolver habilidades e competências que tenham aplicabilidade produtiva e significativa. Um currículo alinhado a essa abordagem deve proporcionar experiências que permitam aos alunos praticarem e aplicarem o conhecimento adquirido, visando ao desenvolvimento de habilidades substanciais e à obtenção de resultados mais efetivos.

Para compreender o panorama educacional atual, é essencial analisar o contexto histórico da educação nacional e da formação de professores no Brasil. Durante a era colonial, a economia estava sustentada pela grande propriedade e pelo uso de mão de obra escrava, fatores que tiveram profundas implicações sociais e políticas no desenvolvimento histórico da educação no país. A metrópole portuguesa exercia controle sobre a organização escolar brasileira, visando dominar culturalmente os indígenas e explorar a força de trabalho escrava. Nesse cenário, a responsabilidade pela ação educativa foi conferida aos padres e irmãos jesuítas. O estabelecimento do isolamento social e da estratificação social, aliado ao sistema vigente, propiciou uma estrutura de poder concentrada na autoridade ilimitada dos proprietários de terras. A estrutura familiar patriarcal, por sua natureza receptiva, facilitou a importação eficaz de formas de pensamento e ideias predominantes na cultura medieval europeia, disseminadas pelos jesuítas.

As barreiras de acesso à educação e ao processo de escolarização tiveram origens no Brasil Império, marcado por uma segregação que afirmava e praticava o direito à educação apenas para uma elite privilegiada, composta de filhos dos proprietários de terras e senhores de engenho. Nessa minoria, as mulheres e os filhos primogênitos eram frequentemente excluídos, reservados para os negócios familiares.

Durante esse período, os jesuítas, responsáveis pelo ato de ensinar, careciam de apreço pela ciência, embora manifestassem uma peculiar devoção às letras. O resultado desse enfoque foi a formação de indivíduos cultos, porém desprovidos de uma qualificação voltada para o trabalho. Surgiu, assim, um homem uniforme e neutro, incapaz de contribuir para a transformação das estruturas sociais e econômicas da época. O ensino, de maneira geral, permanecia à margem, desprovido de utilidade prática visível em uma economia baseada na agricultura rudimentar e no trabalho escravo. Priorizava-se uma educação literária e humanista destinada a enaltecer as mentes, sem questionar as estruturas políticas, econômicas e culturais estabelecidas.

#Produtividade x conhecimento

Num mundo em constante evolução, a produtividade do indivíduo tece-se intricadamente com sua habilidade de assimilar e aplicar teorias e conceitos provenientes do reino acadêmico para a sua vida cotidiana. Uma jornada que se desdobra nas páginas da existência, uma narrativa composta de experiências repetidas, algumas tropeçando em seus primórdios, outras refinadas e moldadas pelas explorações diárias impulsionadas pelo saber empírico-científico.

A vida, em sua totalidade, emerge como uma obra de arte, um mosaico de momentos, cujas falhas iniciais são redimidas e aprimoradas ao longo do tempo. Contudo, é imperativo compreender que o que chamamos de fora, exterior, o mundo material, é uma projeção construída por mentes e sentidos que residem em nós. Os fatores de produção, nesse intricado cenário, clamam por novos componentes: conhecimento, informação, criatividade, habilidades interpessoais e a destemida capacidade de empreender.

Educação supera as fronteiras do exercício mental. O exercício, embora conduza à eficiência, não desencadeia a verdadeira integração. Uma mente somente exercitada é o eco do passado, incapaz de desvendar as maravilhas do novo. Assim, para desbravarmos o terreno da educação correta, é essencial investigar o significado profundo de viver.

A capacidade de autorreflexão surge como a raiz da aprendizagem, guiando o desenvolvimento da consciência crítica. Essa consciência, por sua vez, concede o poder de reorganizar a experiência pessoal, capacitando os indivíduos a moldarem sua própria realidade. Em meio à constante metamorfose, o homem mantém sua identidade enquanto se autorrenova, um produto vivo de suas aprendizagens.

O cerne da aprendizagem reside na compreensão de que o homem é um ser inacabado, sempre em busca de seu aperfeiçoamento, sendo o sujeito e nunca o objeto da aprendizagem. O homem, ciente do tempo, é um ser histórico, vivendo no presente com laços entrelaçados no passado e ansiando incessantemente por construir o futuro.

Educação e conhecimento, assim, excedem o individual, ganhando uma dimensão histórica que só se efetiva na tapeçaria complexa da sociedade humana. A aprendizagem, ao almejar a liberação do homem e, em muitos casos, a conquista da autonomia, confere-lhe o livre arbítrio. É neste espaço de escolha consciente que o homem, compreendendo as ramificações de suas decisões, se torna criativo e inovador. A liberdade é o solo fértil onde germina a criatividade, mas a aprendizagem floresce verdadeiramente quando a incorporação do conhecimento se traduz em uma práxis criadora, moldando não apenas o indivíduo, mas também o tecido social que o envolve.

#Teias da sabedoria

A aprendizagem, longe de ser uma jornada unidirecional que flui do mestre para o discípulo, desenha-se como um intricado balé de participação, um diálogo constante de dar e receber que nutre mestres e aprendizes na construção de uma realidade que está prestes a desabrochar. A realidade, longe de ser um dado estático, é moldada por nossa participação ativa nas decisões presentes, forjando, assim, o amanhã. Em um mundo onde o futuro é hoje, a responsabilidade recai sobre nossos ombros.

A aprendizagem, quando entrelaçada à autonomia humana, acende a chama do pensamento crítico e funda as bases da liberdade de criação e expressão. É a essência que distingue o homem, com sua racionalidade única, das demais criaturas. A busca pelo conhecimento é intrínseca ao seu ser, e é pelo poder da razão e do discurso argumentativo que ele se destaca como um ser social, atuando na construção do mundo com a consciência de sua coexistência, dando forma a padrões de comportamento.

A produtividade e a qualidade não nascem nos confins das organizações produtivas, mas sim na base educacional da sociedade. Tornar uma nação competitiva ultrapassa a eficiência das organizações, é um chamado para criar condições robustas em infraestrutura, saúde e educação.

O homem, entre os animais racionais, é singularmente privilegiado com a capacidade de interpretar, argumentar e abstrair. Inato é seu desejo insaciável de conhecer, um poder que brota da razão e do discurso. Como um ser social, ele é parte constituinte e integrante da formação do mundo, navegando pela coexistência com atos definidos e moldando padrões de comportamento.

Na rica tapeçaria da investigação científica, a mutabilidade é o fio condutor do espírito humano. Utilizando a ciência como trampolim para o desenvolvimento e aprimoramento do conhecimento, o homem analisa incansavelmente o progresso científico.

Na busca incessante pelo conhecimento, a historicidade emerge como uma fonte rica de investigação científica. A ciência se desdobra em duas formas intrincadas: como produção, uma atividade intelectual vinculada ao homem e seu mundo, e como produto, um conjunto significativo de enunciados que retratam o mundo vivido pelo homem, suscetível a transformações mediante provas empíricas ou o surgimento de novas ideias.

O homem, como produto e ser histórico, percebe que a historicidade do conhecimento é inseparável de sua própria história. Tudo o que ele é e faz é entrelaçado com sua condição histórica, uma característica inextricável de sua existência. Assim, os fios do saber se entrelaçam na teia da vida, onde passado, presente e futuro dançam em harmonia, tecendo a rica trama do conhecimento humano.

#Viagem aos recantos do saber

No universo vasto do conhecimento, Descartes (2004) nos instiga a abandonar as amarras do saber tradicional. A curiosidade pelas eras passadas, adverte ele, pode cegar-nos para a riqueza do presente, transformando-nos em ignorantes da contemporaneidade. Somos, assim, a soma de todos que atravessaram nosso caminho desde o primeiro sopro de vida. Cada orientação, por vezes contraditória, moldou o raciocínio que carregamos. O conhecimento é mais que um ato, é a essência que nos guia, nos dá certeza e compreensão, uma bússola para navegar os mares do entendimento.

O homem, ser ávido e incompleto, trilha uma jornada em busca de plenitude, ansioso por realizar seus desejos e dar vida às suas ideias. Nessa jornada, o conhecimento revela-se como um guia fundamental, conduzindo-o em direção à sua plenitude. É por meio do conhecimento que ele mergulha em sua interioridade, desvendando a grandiosidade de suas ambições e esperanças. Ao voltar-se para o mundo, ele se integra aos mais variados elementos que o cercam, buscando compreendê-los para assimilá-los em sua própria existência. À medida que ele absorve a realidade circundante, funde-se a ela, moldando a própria essência.

Perceber que o conhecimento do mundo oferece segurança faz com que o homem compreenda que a amplitude de sua liberdade está diretamente ligada à expansão de seu saber. Horizontes de conhecimento ampliam horizontes de liberdade: um homem dotado de amplos saberes imprime sua marca na personalidade. Descobre, então, que o conhecimento é a chave fundamental para o poder e o domínio. A busca incessante pelo conhecimento é a busca pela verdade, pela eliminação do erro, uma sede inata por certezas que orientam nossas ações.

Na história humana, o erro muitas vezes determina o insucesso e a derrota. A possibilidade de errar gera insegurança, enquanto a verdade proporciona segurança. A busca pela verdade justifica-se plenamente, pois o conhecimento robusto e amplo se torna uma bússola confiável. O estudo da gnosiologia, nessa profundidade, é uma exploração dos caminhos que conduzem à verdade e à certeza. Conhecer esses caminhos valida as certezas que o sujeito carrega para a ação concreta. Aquele que compreende seu próprio conhecimento possui um poder crítico sólido, menor propensão a erros e maior facilidade para abraçar a verdade conscientemente.

Na busca do conhecimento, um único caminho se revela: a reflexão. O ato de conhecer é inerente ao ser humano e só pode ser captado por meio da atividade reflexiva. Refletir implica dobrar-se sobre si mesmo, mergulhar na realidade de nosso próprio conhecimento. A reflexão é um ato introspectivo, uma análise reflexiva de nosso próprio entendimento. Assim, a busca do conhecimento se torna uma jornada reflexiva, em que o ser humano coloca em pauta o problema de seu próprio conhecimento, compreendendo que a validade e a certeza do conhecimento não podem ser provadas por meio do próprio ato de conhecer.

Desta forma, o sujeito cognoscente, aquele que conhece algo, é o ser humano dotado de ferramentas específicas: sentidos externos e internos, intelecto, vontade e sentimentos. O conhecimento, embora atinja o ser humano em sua totalidade, tem uma incidência destacada de alguns órgãos e faculdades no fenômeno do conhecimento. Nessa jornada, cada passo é uma descoberta, uma revelação do vasto universo do saber que se desdobra diante do sujeito cognoscente, sempre em busca de compreender e integrar o que está à sua volta.

Nesse emaranhado complexo em busca da compreensão do ser humano e de sua capacidade cognitiva surge um conceito intrincado, inspirado na premissa de Descartes, que ressoa na ideia de que conseguimos conhecer e interpretar o mundo a partir de nossas experiências e do contexto social que nos envolve. O sujeito cognoscente é um ente dinâmico, aberto e em constante interação com seu entorno, desejoso de decifrar e experimentar o mundo, transformando-se no processo.

O sujeito cognoscente não apenas lida com questões sociais, políticas, culturais e econômicas, mas também reage de maneira crítica e criativa, utilizando seu conhecimento como uma ferramenta para aprimorar seu entendimento do mundo e promover seu próprio desenvolvimento. Essa abordagem enfatiza a importância de uma perspectiva crítica e ativa na construção do conhecimento, reconhecendo que a aprendizagem e a compreensão são processos contínuos e evolutivos.

O ser humano, dotado da capacidade de desenvolver e aprimorar sua compreensão do mundo, se torna um arquiteto de decisões críticas e criativas. Essa habilidade singular permite uma interação mais eficaz com o ambiente circundante e impulsiona o aprendizado a partir dos erros, abrindo caminho para soluções inovadoras em face de desafios sociais, políticos, culturais e econômicos. O sujeito cognoscente, munido desse poder, é capaz de se comunicar eficazmente e, também, de se adaptar às transformações e desafios do mundo.

Tomemos como exemplo um estudante imerso nos estudos para uma prova. Ao absorver o conteúdo e compreendê-lo, o estudante utiliza sua capacidade cognitiva para decifrar a matéria. Além disso, ele emprega seu conhecimento para criar estratégias que o auxiliem a responder às perguntas, construindo, assim, uma compreensão sólida do assunto. Outro exemplo se materializa no trabalhador que, munido de conhecimento, busca soluções criativas para os desafios cotidianos, fortalecendo assim suas habilidades de resolução de problemas e ampliando seu entendimento.

No centro desse processo está o objeto conhecido. Não há conhecimento sem algo que se inscreva no escopo do sujeito cognoscente. Pode ser um objeto real, uma criação imaginária ou até mesmo o próprio sujeito. A familiaridade com o objeto é crucial, seja ele concreto ou fruto da imaginação. Essa familiaridade é construída por meio da experiência, da observação e, por vezes, do pensamento.

Os Primeiros Princípios, fundamentados na filosofia aristotélica, são as pedras angulares do conhecimento. São proposições evidentes por si mesmas, pressupostos nos atos de conhecer. O ideal é que, antes de responder a qualquer questão complexa, seja necessário compreender os princípios básicos que a regem. Esses princípios são universais, permeando todas as áreas do conhecimento humano, desde a Filosofia até o direito. A aplicação desse método exige uma análise minuciosa dos fatores e contextos que influenciam a situação, assegurando uma conclusão justa e correta.

A utilização dessa abordagem é evidente em diversos campos, como a Ciência Política, que analisa os princípios fundamentais da democracia para compreender a dinâmica política, e a Economia, que se vale dos princípios da oferta e demanda para decifrar as tendências do mercado. O uso dos princípios fundamentais do Direito para solucionar disputas e da Ética para avaliar a moralidade das ações ilustra como essa abordagem é uma lente valiosa na jornada do conhecimento.

#Sinfonia do conhecimento

No entendimento humano, o Princípio da Não Contradição proclama que o que é, enquanto é, não pode ser de maneira oposta simultaneamente. Esse princípio, como uma sinfonia que rege a lógica formal, afirma que nenhuma proposição pode coexistir verdadeira e falsa ao mesmo tempo. Ele é a pedra angular que sustenta a estrutura de sistemas lógicos, sendo vital para refutar argumentos inconsistentes. Sob a tutela do que lemos, compreendemos que esse princípio não é apenas uma regra abstrata, mas uma bússola essencial para a compreensão da realidade. Ao nos contradizermos, desvendamos uma verdade que não é, pois a consistência é a raiz da verdade. Esse princípio, o alicerce da lógica, é a guarda da coesão em qualquer argumentação, assegurando que uma proposição não seja verdadeira e falsa simultaneamente, elevando a validade da lógica a uma esfera indiscutível.

Seguindo o compasso da lógica, entra em cena o Princípio da Causalidade, onde o ente contingente tem sua existência justificada por uma causa. A razão para sua existência é um elemento fundamental, o "porquê" que delineia seu propósito. Neste palco, a causalidade se entrelaça com o ato de conhecer, revelando-se como um espetáculo de múltiplas formas e nuances. O ato de conhecer não é uniforme, mas um desdobramento variado. Conhecer é viver; é pelo conhecimento que o homem se percebe no mundo, imerso em coisas com propriedades distintas. Ao penetrar na essência do objeto, o sujeito cognoscente tece um vínculo com a existência do ser conhecido, incorporando-o em sua própria interioridade.

No cerne do conhecimento reside uma multiplicidade de ações. Conhecer é agir, é uma forma de vida. É pelo conhecimento que o homem apreende o mundo e suas propriedades como existenciais.

Nesse processo, o sujeito percebe as coisas e as vivencia de maneira inseparável, tornando-se uma parte intrínseca do ser cognoscente. O ato de conhecer é, portanto, mais do que uma mera observação; é uma participação ativa na existência do objeto, uma imersão na dinâmica fenomênica que caracteriza o ato de conhecer.

Quando adentramos o conhecimento, deparamo-nos com o saber, um estágio mais completo e aprofundado. Ele se distingue do simples conhecer, marcando uma diferença sutil entre ter ciência de algo e possuir um conhecimento mais íntimo e elaborado. O pensar, por sua vez, manifesta-se como uma modalidade mais profunda de conhecer, onde a verdade se revela. O pensamento, dotado dos mecanismos necessários, capacita o sujeito cognoscente a compreender e expressar a realidade. No ápice do conhecer, o pensamento não apenas é uma expressão, mas também uma realização da humanidade no vasto panorama do conhecimento humano.

#Maestria do conhecimento

No vasto palco do entendimento, o conhecimento multifacetado revela-se como a compreensão, a consciência e a familiaridade entrelaçada à experiência, ao estudo, à observação e à investigação. É um processo pelo qual a mente humana se envolve em uma dança fluida, absorvendo informações, fatos, conceitos e habilidades, delineando um entendimento profundo sobre diversos temas.

Percebemos, nos caminhos do conhecimento, que se destacam três formas distintas, como movimentos distintos dessa sinfonia cognitiva:

- **conhecimento sensorial:** como a batida pulsante da vida, o conhecimento sensorial é a experiência direta com o mundo físico, em que os sentidos — visão, tato, audição, olfato e paladar — entram em um harmonioso coro. Desde a infância até a maturidade, esse conhecimento serve como alicerce para a aquisição de outros tipos de saberes. Ao interpretar informações sensoriais, o homem identifica objetos, reconhece padrões e compreende relações espaciais, dando um *feedback* vital para suas ações. Como um elo com a teoria da aprendizagem por associação, o conhecimento sensorial é a trama que une visual, auditivo, tátil, olfativo e gustativo na criação de novos entendimentos;

- **conhecimento intelectual:** como um complexo bordado da mente, o conhecimento intelectual surge da reflexão profunda, racionalização e análise. É uma jornada ativa de pensamento crítico, uma busca incessante por novas perspectivas e uma compreensão mais profunda do mundo. Esse tipo de conhecimento é essencial para o desenvolvimento de habilidades de solução de problemas, tomada de decisões e compreensão de conceitos complexos. Ao contrário de fórmulas pré-estabelecidas, o conhecimento intelectual é uma expressão da mente que transcende as barreiras do convencional;
- **conhecimento intuitivo:** como uma revelação súbita da alma, o conhecimento intuitivo é uma percepção profunda e imediata da realidade. Não se trata de um pensamento ilógico, mas sim de uma exploração menos estruturada e mais livre. Surge da experiência direta, sem depender de conhecimentos prévios ou técnicas de pensamento. É a capacidade de capturar a verdade por meio de uma impressão direta da realidade. O conhecimento intuitivo permite uma compreensão profunda mesmo na ausência de conhecimentos formais, sendo uma expressão artística, empreendedora ou científica de percepções diretas e perspicazes.

Assim, na rica melodia do conhecimento, essas três formas – sensorial, intelectual e intuitiva – entrelaçam-se, criando uma sinfonia que ressoa nos corações daqueles que buscam desvendar os mistérios do saber.

Nas entranhas do conhecimento humano, um vasto repositório se ergue, um tesouro de saberes de diversas naturezas e riquezas. À medida que o indivíduo navega pelos mares do entendimento, seu acervo mental se expande e se aprofunda, tornando-se um caleidoscópio de experiências, reflexões e percepções. A sabedoria, em seu esplendor, é a chave que abre portas para o poder, a segurança e a liberdade.

Sensismo – na Filosofia, o Sensismo é uma doutrina que proclama que a realidade excede a objetividade, incluindo as sensações como parte integral. As experiências sensoriais tornam-se os alicerces da realidade, sendo fundamentais na construção do conhecimento.

O Sensismo sustenta que todas as ideias e conhecimentos são originados das experiências sensoriais. Isso significa que a mente humana é inicialmente uma "tábua rasa" (tabula rasa), sem ideias ou conhecimentos inatos, e que tudo o que sabemos vem por meio das nossas interações sensoriais com o mundo.

O Sensismo nega a existência de ideias inatas, ou seja, conhecimentos que estariam presentes na mente desde o nascimento, independentemente da experiência. Em vez disso, todas as ideias são vistas como resultado direto das sensações. As sensações são vistas como a base fundamental para todo o conhecimento. As percepções sensoriais formam as ideias simples, que a mente depois combina e reflete para formar ideias mais complexas.

Racionalismo – na contramão do Sensismo, ergue-se o Racionalismo, uma corrente filosófica que proclama a supremacia da razão. Para os adeptos dessa doutrina, a verdade absoluta não é alcançada por meio de experiências sensíveis, mas sim pela lucidez da razão. Nesse espectro, a razão é celebrada como a única lente capaz de desvendar as verdades mais profundas. Vinculado à Idade Moderna, o Racionalismo desafia a ideia de que os sentidos, por si só, são suficientes para conhecer a verdade absoluta.

Os defensores do Racionalismo acreditam que o conhecimento deve brotar da reflexão racional sobre princípios fundamentais, e não das experiências sensoriais. Percepção, memória e imaginação, conquanto importantes, são consideradas insuficientes para atingir a verdadeira compreensão. A razão humana proclama que consegue desvendar verdades intrínsecas, sem depender de referências externas.

No cerne dessa perspectiva, a razão torna-se a bússola confiável, guiando o ser humano por pensamentos lógicos e críticos. A mente, permeada por essa luz racional, questiona, analisa e alcança conclusões fundamentadas. Para os devotos da exclusividade da razão como fonte de verdadeiro conhecimento, a inteligência é autossuficiente, não precisando de estímulos externos para iniciar o processo de entendimento.

Na tapeçaria filosófica do Realismo Fenomenológico, a busca pela compreensão da realidade se desenrola como um intricado bordado de experiências diretas dos fenômenos. Longe das abstrações teóricas, essa vertente mergulha na essência daquilo que é percebido e vivenciado pelos sentidos, desafiando as ideias preconcebidas em prol de uma abordagem que confere poder à consciência na construção do que se considera real.

Edmund Husserl, o arquiteto desse movimento, erige as bases do Realismo Fenomenológico, uma filosofia que postula que todos os fenômenos existem como entidades independentes, despidos da mera influência da percepção humana. Sob sua tutela, pensadores como Maurice Merleau-Ponty e Jean-Paul Sartre refinam e expandem esses princípios, tecendo a trama complexa de uma filosofia que desafia a visão convencional da realidade.

O Realismo Fenomenológico tem como ponto principal a convicção de que a experiência e a consciência são faróis verdadeiros do conhecimento. As percepções sensoriais, nessa perspectiva, não são meros lampejos subjetivos, mas janelas autênticas para a realidade que existe independentemente da consciência humana. Assim, o conhecimento genuíno é despojado das correntes da abstração, ancorando-se na experiência direta dos fenômenos.

Em prática, o Realismo Fenomenológico proclama que a verdade não aparece de construtos abstratos, mas sim da vivência direta dos fenômenos. Rompendo as descrições e interpretações, ele se nutre da imersão na realidade tangível, onde os fenômenos revelam-se como entidades autônomas, desvinculadas das amarras da percepção humana.

À luz desses preceitos, a vertente visa explorar o fenômeno do conhecimento humano no contexto da estrutura total do ser humano. Os conhecimentos sensoriais podem ser assimilados sem grandes dificuldades, mas a verdadeira encruzilhada reside na compreensão do conhecimento intelectual, imaterial e espiritual. Uma dança entre esses dois tipos de conhecimento, coexistindo em harmonia e mutualidade, sugere um estudo específico, uma análise minuciosa de nosso próprio entendimento humano.

Dessa forma, o Realismo Fenomenológico se apresenta como uma jornada introspectiva, uma busca pela verdade imersa na experiência direta, transcendendo os limites da mera cognição para mergulhar nas águas profundas da totalidade humana.

#3 Passos do conhecimento humano

Nos trilhos do conhecimento humano, uma jornada de três passos se desenha, tal como pintada por Girardi e Quadros (1985), revelando as fases do entendimento que moldam a complexa tessitura da nossa cognição.

- **No primeiro passo**, somos conduzidos à simples apreensão, à gestação da ideia, ao nascimento da compreensão. Como o filho concebido no seio materno, esse conhecimento é o fruto da mente que processa o objeto, uma espécie de expressão mental moldada pela semelhança ou pela forma do que se observa. Este é o ciclo inicial de aquisição, em que o conhecimento emerge do processo de aprendizado, permeando a percepção, a compreensão e a memorização. É aqui que novas ideias e habilidades encontram seu solo, germinando a partir de experiências diretas, leituras, educação e interações sociais. O conhecimento adquirido, neste estágio, é a semente da sabedoria que germinará nos campos da mente.

- **No segundo passo**, adentramos o reino do juízo e da enunciação. O juízo, operação do intelecto que afirma ou nega algo a respeito de algo, revela-se como o ato mais completo e perfeito do nosso conhecimento. É nesse estágio que expressamos, por meio do raciocínio, aquilo que sabemos e pensamos. A enunciação, como sinal desse juízo, compõe o tecido do raciocínio, seja verbal ou escrito. É a ferramenta essencial para a organização e interpretação das informações, traçando linhas lógicas que tecem o conhecimento humano. O juízo e a enunciação são, assim, instrumentos fundamentais no contínuo processo de desenvolvimento do conhecimento.

- **No terceiro e último passo**, deparamo-nos com o raciocínio, um ato que leva a mente de uma verdade conhecida a outra, por meio de proposições intermediárias. Esse é um processo de transição do conhecido para o desconhecido, uma caminhada mental rumo ao entendimento mais profundo. O raciocínio, uma dança de juízos, é uma jornada intelectual que culmina em uma conclusão. É o fio condutor que liga os pontos do conhecimento, revelando-se como um discurso mental que desvela novas verdades a partir das já conhecidas.

Entre as vertentes e fontes históricas e filosóficas que permeiam o conhecimento humano, torna-se evidente que a capacidade de adquirir sabedoria e desenvolver habilidades é intrínseca ao ser humano, uma condição que evolui com o passar dos séculos, em paralelo à própria evolução da humanidade. A educação, ao longo das eras, não é apenas um meio de treinar a mente, mas sim um refinamento da própria espécie humana. Assim, o verdadeiro significado do ensino só pode ser desvelado quando estudamos a essência da vida.

A capacidade humana de autoanálise e busca incessante é a raiz de todo ensino, uma habilidade que impulsiona o progresso da consciência e da descoberta. Educação e sabedoria, então, possuem uma dimensão histórica e se realizam apenas no contexto humano. A aprendizagem, como busca constante, visa libertar o homem e fomentar sua independência. Concede-lhe a liberdade de escolha, a capacidade de traçar caminhos, compreender consequências e ser inovador. No acervo mental do homem, onde diversos conhecimentos convergem e se entrelaçam, a expansão do saber não apenas proporciona poder, segurança e liberdade, mas também enriquece a própria essência do ser.

10

TRAMAS DE VALORES: UM OLHAR PROFUNDO SOBRE A ÉTICA FAMILIAR E SUA CONEXÃO COM A EDUCAÇÃO

Na tapeçaria da vida, a ética familiar, os valores e a educação se entrelaçam como fios vitais, tecendo o caráter e guiando as sendas da existência de um indivíduo. Essa tríade, permeada por princípios, crenças e ensinamentos, é um alicerce essencial na construção de um ser humano responsável e bem-sucedido.

A ética familiar é o conjunto de princípios transmitidos de geração em geração, constituindo os valores morais que guiam a conduta dentro do círculo mais íntimo: a família. Esses princípios, incutidos por pais, avós e tios, moldam o desenvolvimento de responsabilidade, respeito, honestidade e lealdade. São as raízes profundas que nutrem o senso de pertencimento e conexão social.

Os valores, por sua vez, são como estrelas-guias, iluminando as decisões e ações do indivíduo. Na constelação dos princípios fundamentais, encontramos a honestidade, a bondade, o compromisso, o respeito, a lealdade e a responsabilidade. São esses valores que traçam a trajetória do caráter, determinando o curso das escolhas e moldando a personalidade.

A educação, nesse contexto, ilumina o caminho do entendimento sobre direitos e responsabilidades perante a sociedade. Ao internalizar os ensinamentos éticos e os valores transmitidos pela família, a educação prepara o indivíduo para desbravar os desafios do mundo externo, capacitando-o a ser um cidadão consciente e apto.

A complexidade da ética é algo que todos reconhecem intuitivamente, mas que escapa à explicação fácil. Julgamos comportamentos, por vezes sem discernir entre moralidade e ética, termos que, segundo Houaiss (2008), definem o conjunto de princípios orientadores do comportamento humano e os padrões desejáveis para a coletividade, respectivamente.

Na exploração dessa dualidade, há a distinção entre moral e ética, sendo a primeira aplicada ao fenômeno social e a segunda reservada à reflexão filosófica. A moral, sujeita a variações culturais, é moldada por costumes, crenças e tradições de uma comunidade, sendo transmitida de geração a geração. A educação, desde a infância, torna-se a arquiteta desses padrões, solidificando a moral e a ética, que guiarão a conduta.

Expandindo as fronteiras do debate, o papel crucial da cultura na formação moral emerge como uma força moldada pela diversidade e tolerância. A cultura não apenas influencia nossos valores e comportamentos, mas também desafia e enriquece nossa compreensão do que é certo e justo. Por meio das tradições, práticas e narrativas transmitidas ao longo das gerações, a cultura oferece um quadro de referência essencial para o desenvolvimento moral individual e coletivo.

A diversidade cultural amplia as perspectivas sobre ética e moralidade, mostrando como diferentes sociedades e comunidades abordam questões complexas como justiça, responsabilidade e compaixão. Por meio do diálogo intercultural e da troca de ideias, podemos não apenas expandir nosso próprio entendimento moral, mas também promover um ambiente de respeito mútuo e aceitação das diferenças.

Além disso, a cultura promove a tolerância ao desafiar preconceitos e estereótipos, incentivando-nos a considerar pontos de vista diversos e a abraçar a complexidade das experiências humanas. Ao reconhecer e celebrar a pluralidade de culturas e perspectivas morais, podemos construir sociedades mais inclusivas e compassivas, em que a diversidade não é apenas aceita, mas valorizada como uma fonte de enriquecimento moral e social.

Portanto, ao explorar e valorizar o papel da cultura na formação moral, podemos abrir novas possibilidades para o entendimento e a coexistência pacífica, fortalecendo os laços humanos por meio do respeito mútuo e da valorização das diferenças que nos enriquecem como sociedade global.

A educação, ao ser o veículo de transmissão de hábitos e valores culturais, ergue uma ponte entre o passado e o futuro, forjando cidadãos conscientes.

A diversidade e tolerância são pilares essenciais na formação moral, permitindo a exploração e aceitação de diversas perspectivas e culturas. O Estado, por sua vez, assume a responsabilidade de preservar esses padrões morais por meio da implementação de leis. A globalização, ao abrir portas para a interconexão de culturas, desempenha um papel impactante na evolução dos conceitos morais, alargando horizontes e desafiando preconceitos.

Assim, nesse intricado bordado de ética, valores e educação, a família é considerada a primeira escola, tendo a cultura como o molde e a educação como a ferramenta que esculpe o ser humano, capacitando-o a navegar pelas águas complexas da existência com integridade e sabedoria.

#Entre genes e vivências: a formação do caráter no ambiente familiar

Na formação do caráter infantil, a ciência desvela um enredo entrelaçado por fatores biológicos e ambientais. É como se o destino da personalidade de uma criança fosse escrito por uma caneta que mistura a tinta dos genes e as cores do entorno. As pesquisas, por sua vez, desvendam capítulos ricos, em que genes desempenham papéis, mas outros atores, como educação, ambiente familiar e estilo de vida, têm atuações igualmente marcantes.

As experiências de vida desempenham um papel vital na forja de crenças, atitudes e valores, dando forma ao caráter como um escultor esculpe sua obra. É nesse palco da vida cotidiana que o ambiente familiar e a educação emergem como protagonistas, delineando o caminho que a personalidade infantil seguirá.

O lar, cenário primordial, serve como a arena na qual os pais desempenham seus papéis. Nesse espetáculo, o roteiro é escrito pelos exemplos de comportamento positivo, em que os pais se tornam mestres, guiando os filhos por meio das responsabilidades da existência. O estabelecimento de regras e limites, as balizas do enredo, orienta a criança, oferecendo clareza sobre as expectativas que moldarão seu papel.

#O quadro completo: arte da alfabetização e habilidades sociais

A paleta do ambiente familiar é enriquecida pela alfabetização emocional e pelo ensino de habilidades sociais. Aqui, as letras da moralidade são traçadas e os pais assumem o papel de mestres literários, guiando seus pupilos na compreensão das emoções e no manejo sábio das interações sociais. Em cada pincelada, oportunidades são criadas para a criança desenvolver independência e autoestima, tecendo a tapeçaria única de sua identidade.

Como artífice-mor dessa narrativa, Miller (2015) ergue pilares que sustentam a formação do caráter infantil. Seus conceitos ecoam como sussurros de sabedoria, destacando a influência marcante dos pais e do ambiente familiar. Eles se tornam arquitetos do ambiente saudável, no qual as sementes do respeito, da responsabilidade e da honestidade germinam.

A função dos pais ultrapassa somente a transmissão de genes. Na criação, eles devem proporcionar amor, estabelecer limites e regras e, ao mesmo tempo, respeitar as necessidades da criança. São também guias morais, responsáveis por ensinar as crianças a discernir entre o certo e o errado. Como mestres de cerimônia, os pais compartilham o ensino de habilidades sociais, conduzindo a criança por intricados caminhos de relacionamentos.

No desfecho, o caráter encontra seu ponto alto na atenção individual e no reconhecimento. Cada criança é uma estrela única, merecendo luz própria. O reconhecimento de suas conquistas e a atenção personalizada se tornam o epílogo, consolidando o desenvolvimento de um caráter positivo e resiliente.

À sombra da educação perdida

Nos bastidores dessa narrativa, uma pesquisa conduzida por Miller e Strayhorn (2015) destaca o papel central dos pais na formação do caráter. Um estudo envolvendo 414 crianças, entre 5 e 12 anos, revela que pais responsáveis cultivam seus filhos e eles florescem, em habilidades decisórias, autocontrole e comportamento moral.

A correlação entre o nível de responsabilidade parental e o desenvolvimento do caráter é crucial para o crescimento saudável das crianças. Pais que exemplificam atitudes positivas e responsáveis não apenas modelam comportamentos éticos e morais, mas também estabelecem um padrão importante para o desenvolvimento dessas qualidades nas crianças.

Ao proporcionar um ambiente onde valores como honestidade, empatia, respeito e diligência são praticados e valorizados, os pais estão essencialmente moldando uma base sólida para o crescimento do caráter dos filhos. Esses comportamentos parentais não apenas influenciam o comportamento imediato das crianças, mas também ajudam a construir um alicerce duradouro para suas escolhas e ações futuras.

Além disso, a responsabilidade parental não se limita apenas a demonstrar comportamentos éticos, mas também envolve o estabelecimento de limites claros, o fornecimento de orientação e suporte emocional, e a promoção de um ambiente seguro e estimulante para o desenvolvimento pessoal das crianças.

Portanto, é evidente que os pais desempenham um papel essencial não apenas na educação acadêmica e na saúde física de seus filhos, mas também no cultivo de características essenciais que contribuem para um caráter sólido e bem formado. Este investimento no desenvolvimento do caráter desde tenra idade prepara as crianças para enfrentar os desafios da vida com integridade, resiliência e compaixão.

#Aprofundando os trilhos da influência parental na formação do caráter infantil

Em uma investigação conduzida por Yoon (2017), foram desvelados os intricados laços entre educação, ambiente familiar e a forja do caráter infantil. O estudo abarcou 534 crianças, com idades variando entre 5 e 11 anos, revelando percepções valiosas. A presença de pais responsáveis foi fator crucial, impactando significativamente 79,5% dos participantes, que destacaram a importância parental no desenvolvimento de suas crenças, atitudes e seus valores. Além disso, uma correlação sólida entre a educação recebida e a formação do caráter foi apontada, com expressivos 70,6% dos participantes reconhecendo a relevância da educação na moldagem de perspectivas morais e valores. Esses resultados enfatizam que o envolvimento ativo dos pais na educação, aliado ao ambiente familiar, exerce uma influência profunda na construção de conceitos morais, éticos e no desenvolvimento de habilidades sociais.

A parentalidade se baseia por meio de exemplos, diálogos, normas e expectativas. Os pais, como mentores da vida, ensinam aos filhos as nuances do comportamento e o tratamento aos outros. Essas experiências erguem alicerces sólidos para o desenvolvimento de valores morais, responsabilidade e um intrínseco senso de direito e dever. A responsabilidade parental supera, ainda, a transmissão de fundamentos éticos, decência, respeito e dignidade. Não apenas instruem, mas também modelam comportamentos positivos, cientes de que os olhos atentos das crianças imitam o que veem. O tratamento que os pais dispensam a si mesmos e aos outros exerce, portanto, um impacto direto na formação do caráter da criança.

Ao revisitar nosso comportamento no contexto social, torna-se crucial ponderar como nos relacionamos com aqueles ao nosso redor, desde amigos até aqueles que nos prestam serviços. Esse exercício contínuo nos auxilia a cultivar justiça, paciência, respeito e outras virtudes. Ao considerar que a base da moral e ética é forjada nos lares, os pais assumem a posição de modelos fundamentais para o comportamento infantil. São os primeiros a orientar as crianças sobre o que é certo e errado. Por meio da observação constante dos pais, as crianças absorvem comportamentos, pensamentos e formas de agir. Os pais, como guias primordiais, moldam as habilidades de comunicação, os relacionamentos interpessoais e o controle emocional, estabelecendo regras e limites que frequentemente são imitados pelas crianças. Estudos destacam a tendência natural das crianças de espelharem o comportamento dos pais, desde a maneira como tratam as pessoas até como se expressam e interagem com o mundo.

Propõe-se, então, que a imitação dos comportamentos e atitudes dos pais é uma consequência direta da interação próxima e contínua. A partir do momento inicial do desenvolvimento, as crianças absorvem informações observando atentamente gestos, palavras e ações de seus pais. Esse processo, por vezes inconsciente, leva as crianças a internalizarem e reproduzirem automaticamente essas informações. Os pais se estabelecem, assim, como faróis de referência para o comportamento de seus filhos, tanto na apresentação de modelos positivos, como na disciplina, quanto na exposição inadvertida de comportamentos negativos. Essa dinâmica complexa destaca a importância incontestável dos pais como influenciadores cruciais no desenvolvimento contínuo do caráter de seus filhos.

Os pais, como protagonistas na saga da formação dos filhos, deparam-se com a responsabilidade de serem guias e, também, espelhos vivos de virtudes morais e éticas. Dentro desse intrincado tecido, reside a certeza de que os pequenos absorverão os preceitos enunciados e, mais intensamente, as ações modeladas diante deles. Um cenário, por vezes, ensombrado pela desconcertante disparidade entre as palavras proferidas e os atos praticados, gerando uma confusão acerca do padrão ideal.

O espetáculo da parentalidade é uma obra de arte que molda não apenas o proceder, mas também a saúde mental dos filhos. A interdependência entre a criança e seus pais exerce um papel significativo, tecendo o fio que conecta comportamento, relacionamentos e saúde mental. A criança, como uma folha em branco, absorve avidamente os matizes do comportamento parental, seja ele virtuoso ou nocivo. Se os pais adotam linguagem ofensiva, a criança reproduzirá tal linguajar; se a postura é agressiva, a prole tende a espelhar tal agressividade. Nesse intricado jogo de influências, os pais erguem o primeiro pilar no palácio do desenvolvimento de caráter, delineando as futuras sendas de seus descendentes.

#Caminhos da imagem e semelhança: o espelho dos pais

Em um segundo ato dessa narrativa, estabelecem-se limites e regras como pilar indispensável no lar. Condutas que visam proporcionar clareza sobre o que é aceitável, delineando o terreno onde a criança cultiva seu senso de autodisciplina e responsabilidade. Esses limites, distantes de restringirem, são bússolas que apontam para o entendimento das consequências, erguendo alicerces para um sólido senso moral. A criança, ao perceber a firmeza dos limites e regras, experimenta um sentimento de segurança e amor, por compreender que seus progenitores fornecem a essencial estrutura e salvaguarda.

#O ensinamento da ordem: lei e limite na educação infantil

O ato de definir limites se desenha como um precioso ensinamento. A família, ao oferecer um conjunto claro de diretrizes, facilita a compreensão do que é esperado e do que é inaceitável. Essa prática, além de conferir um sentimento de segurança e previsibilidade à criança, é um direcionamento para percorrer uma vastidão do comportamento, mitigando a ansiedade e o estresse. A arte de estabelecer limites requer, dos pais, clareza e consistência. Esses limites, ajustados à idade e às habilidades da criança, devem ser aplicados com justiça e parcimônia. Ao reforçar tais regras, os pais podem adotar consequências positivas, como elogios e recompensas, para fomentar comportamentos desejados. A escolha sábia dos momentos para impor limites, evitando interrupções durante atividades significativas da criança, é uma sinfonia essencial na harmonia educacional.

#A arte da orientação: forjando a compreensão da ordem

A necessidade inata de transgredir e desafiar limites, um traço tão humano, encontra seu espaço na psique infantil. Sob o termo "impulso de transgressão", apresentado por Fromm (1941), é uma tendência natural de explorar, questionar e desafiar as normas estabelecidas. Esse impulso, alimentado pela curiosidade, busca uma sensação de liberdade e autonomia. Fromm (1941), em sua obra O medo da liberdade, argumenta que essa característica inerente à humanidade reflete o temor inconsciente da responsabilidade que a liberdade acarreta. As crianças, arautos desse impulso, buscam experiências mais emocionantes, testando os limites estabelecidos. O desafio, contudo, reside em equilibrar a curiosidade natural com a compreensão de que leis e regras são não apenas guias, mas também baluartes que protegem a sociedade humana.

Nesse intricado bailado entre pais e filhos, a arte da orientação emerge como um farol na escuridão da transgressão, iluminando os caminhos da compreensão e do respeito pela ordem estabelecida. O ser humano, em sua eterna busca por fronteiras, desenha, assim, uma jornada marcada pela curiosidade, pelo desafio e pela sabedoria necessária para reconhecer a importância fundamental de leis e regras na preservação da sociedade.

#Os labirintos da liberdade e responsabilidade

O conceito que Fromm (1941) explora, acerca da incapacidade de seguir regras, revela-se na complexa trama da inabilidade humana em lidar com a responsabilidade que a liberdade impõe. O medo intrínseco ou a falta de familiaridade para embasar decisões em princípios e valores são desafios que permeiam essa jornada. A dificuldade de seguir regras, por vezes, é moldada pela incerteza sobre quais trilhas seguir ou pela falta de habilidade em exercer o livre-arbítrio. Além disso, as pessoas podem resistir às normas por desconforto com a autoridade ou pelo anseio de explorar novas experiências.

Num jogo de equilíbrio, os limites expandem-se à medida que a responsabilidade cresce. A transição, exemplificada pela habilidade de uma criança ao manejar talheres de metal, atesta o gradual acréscimo de responsabilidade. A clareza nos conceitos de limites, a plausibilidade por trás das regras e a convicção de que as autoridades existem para proteger contribuem para uma evolução mais harmoniosa, nos padrões concebíveis. Se, desde cedo, a relação de confiança com as primeiras figuras de autoridade, os pais, é cultivada de maneira saudável, essa confiança expande-se para relações com outras autoridades na vida futura, como professores, chefes e governantes. No entanto, o cenário complica-se quando a relação inicial é manchada por autoritarismo, negligência e abuso, transformando a figura de autoridade em uma ameaça. Nesse contexto, o indivíduo tende a se esquivar ou rebelar-se como uma forma de autopreservação.

A construção de uma relação de autoridade na infância deve ser fundamentada em um elo de confiança entre pais e filhos. Essa relação eficaz, quando estendida para outras interações com figuras de autoridade, propicia um terreno fértil para o desenvolvimento saudável das crianças. Encorajar a curiosidade e a criatividade é essencial para nutrir as habilidades e comportamentos de maneira saudável. Em contraste, quando a relação de autoridade entre pais e filhos é disfuncional, as consequências reverberam no desenvolvimento da criança. A falta de confiança pode gerar sentimentos de desconfiança, isolamento e insegurança em relação às autoridades, afetando o comportamento e o desempenho social. Crianças privadas de uma relação saudável com as autoridades enfrentam desafios ao aceitar regras e limites, o que pode resultar em problemas de comportamento e desobediência.

Para estabelecer uma relação de credibilidade com os filhos, as figuras de autoridade devem desempenhar o papel de orientadores, criando um ambiente de tolerância, respeito e compreensão. A promoção da criatividade, inovação e autoestima das crianças deve ser equilibrada com a imposição de limites nítidos e a aplicação firme de consequências. Pais atentos às opiniões e aos sentimentos de seus filhos, incentivando o diálogo, são essenciais para forjar um vínculo de confiança. Quando os alicerces dessa confiança não são estabelecidos de maneira saudável, as consequências reverberam a curto, médio e longo prazos. No curto prazo, podem surgir sentimentos de rejeição, ansiedade, culpa e desconfiança. A médio prazo, problemas de comportamento, como raiva, agressão, hiperatividade e dificuldades de aprendizagem, podem se manifestar. A longo prazo, problemas de saúde mental, como depressão, transtornos alimentares e abuso de substâncias, tornam-se riscos latentes.

Pesquisas reforçam essas conclusões, evidenciando que a ausência de um vínculo de confiança com os pais pode resultar em uma variedade de problemas, desde dificuldades comportamentais na escola até o uso de substâncias ilícitas. A intervenção precoce na formação do indivíduo, focando na construção de relações saudáveis desde a infância, emerge como uma abordagem vital na prevenção de distorções de caráter e comportamento.

O alicerce da formação do caráter repousa nas bases da moralidade e dos valores que os pais transmitem aos seus filhos. As figuras de autoridade têm a responsabilidade de guiar as crianças na construção de princípios morais como honestidade, responsabilidade, respeito e compaixão. Os pais, assim, são orientados a fomentar o diálogo franco com seus filhos, utilizando as consequências como ferramenta para instruir sobre o correto e o incorreto. Estas devem ser aplicadas de maneira justa e proporcionada, visando ensinar lições valiosas em vez de meramente punir. O exemplo prático é a importância de regras simples, incentivando o diálogo para explicar a relevância dessas normas.

Entretanto, na contemporaneidade, observamos uma tendência de condescendência por parte dos pais em relação aos erros dos filhos. Tal postura, argumenta-se, pode ser reflexo de sentimento de culpa pela ausência e participação limitada na vida dos filhos. Além disso, pode ser uma reação negativa às experiências passadas, marcadas por autoritarismo e abuso de autoridade. Nesse cenário, alguns pais evitam exercer disciplina, buscando evitar os extremos vivenciados em sua própria criação. No entanto, a busca por um equilíbrio entre uma disciplina amorosa e firme é crucial.

A ausência de disciplina pode impactar crianças e adolescentes de maneira significativa, especialmente os mais jovens, que são mais suscetíveis a comportamentos inadequados. Ser negligente nesse aspecto pode conduzir à desorientação e à incessante busca pela aprovação parental. A disciplina, portanto, não pode ser ignorada na educação, sendo uma ferramenta vital na construção de um ambiente saudável para o desenvolvimento dos filhos.

A complexidade dos desafios enfrentados pelos pais na contemporaneidade é acentuada pelas transformações globais, em que as famílias se deparam com um tempo cada vez mais escasso e metamorfoses intensas. As fronteiras entre o certo e o errado tornaram-se nebulosas, e a compreensão do que significa ser uma família ampliou-se consideravelmente. A rigidez das estruturas familiares tradicionais foi substituída por uma diversidade de formas familiares, cada uma com suas próprias dificuldades e potencialidades. No entanto, a complexidade da atualidade não pode servir como justificativa para a renúncia à disciplina.

Há algumas décadas, vigorava um modelo hierárquico de autoridade, marcado pelo autoritarismo, em que as crianças não tinham voz nem vez. No entanto, as mudanças começaram a ocorrer, inicialmente como reação a experiências educacionais e distorções conceituais. A transformação trouxe consigo ônus e bônus, levando os pais a experimentarem sentimento de culpa ao impor limites. O medo de serem autoritários resultou em muitos pais abdicando de sua autoridade, o que culminou na perda da hierarquia familiar.

Diante dessas mudanças, os adultos, impulsionados por sentimentos como remorso, falta, desejo de felicidade para as crianças, ausência devido ao trabalho ou à separação e superproteção, começaram a orbitar em torno das crianças. Em alguns casos extremos, famílias que transitaram de estruturas autoritárias para extremamente permissivas enfrentam desafios ainda maiores. Os danos nos traços de personalidade das crianças, nestes casos, são mais significativos, uma vez que algumas lições importantes não são aprendidas. A principal delas é a falta da construção do respeito pelo outro, e as crianças crescem sob a luz de seus próprios desejos. Os pais, muitas vezes exaustos devido ao trabalho, resistem a estabelecer regras, dificultando ainda mais a habilidade de impor limites.

#Navegando pelos desafios da "infantocracia"

O conceito de "infantocracia", introduzido pelo professor e psiquiatra infantil francês Serge Tisseron (2010) em sua obra *As Dificuldades de Crescer: Como as Crianças Lidam com a Insegurança*, aborda uma dinâmica social na qual as crianças ocupam um papel central, enquanto os adultos orbitam ao seu redor, motivados por sentimento de culpa, necessidade de compensação, superproteção e outros impulsos. Essa abordagem, segundo Tisseron, pode resultar em personalidades problemáticas, já que determinadas aprendizagens essenciais são negligenciadas. O autor argumenta que esse sistema pode ter danos mais graves do que o autoritarismo, uma vez que falta a construção da percepção sobre o outro. A "infantocracia" surge quando as crianças recebem atenção e poder desproporcionais dos adultos, fenômeno que ganhou força com a crescente preocupação em garantir o desenvolvimento saudável das crianças.

A teoria de que as crianças não devem ouvir um "não" tem raízes nas ideias do psicólogo norte-americano John B. Watson (1913) acreditava que o uso do "não" criava um ambiente de medo que impediria as crianças de explorar o mundo ao seu redor. Ele propôs uma abordagem de "condicionamento positivo", enfatizando o uso de incentivos positivos e elogios para moldar o comportamento infantil. Embora Watson não tenha sido o criador dessa ideia, suas teorias tiveram uma influência significativa na educação infantil moderna. Ele argumentava que o uso de incentivos positivos, como elogios, era mais eficaz na promoção de comportamentos positivos do que punições ou respostas negativas.

No entanto, essa teoria de evitar o "não" gerou deturpações, alimentando a relutância dos pais em impor limites adequados. Estudos revelaram que ouvir um "não" pode ser benéfico para o desenvolvimento de habilidades de tomada de decisão, promovendo a autorregulação à medida que as crianças aprendem a avaliar as consequências de suas ações. A recusa também pode ser uma ferramenta valiosa para ensinar cooperação, fazendo com que a criança compreenda a necessidade de aceitar pontos de vista diferentes. Pesquisas realizadas por psicanalistas sugeriram que ouvir "não" com frequência estava associado a uma melhor capacidade de tomar decisões, autorregulação e cooperação em crianças.

A neurociência respalda a ideia de cultivar um "repertório de frustração", que implica a habilidade de interpretar e lidar com situações que envolvem o sentimento de frustração. Esse repertório proporciona às crianças ferramentas essenciais para processar emoções relacionadas à frustração e desenvolver resiliência diante dos desafios do dia a dia. Um repertório neurológico robusto é crucial para promover uma saúde mental positiva, permitindo que as crianças compreendam e enfrentem de maneira saudável as adversidades emocionais e sociais que encontram em seu caminho.

Quando uma criança experimenta a frustração, seu organismo desencadeia a liberação de neurotransmissores específicos, desempenhando um papel crucial na regulação de emoções e comportamentos. A serotonina e a dopamina entram em cena, diminuindo a ansiedade, enquanto a adrenalina assume a responsabilidade pela resposta de luta ou fuga. Essas substâncias contribuem para a estabilidade emocional da criança e, também, desempenham um papel vital na regulação do humor. A harmonia nos níveis desses neurotransmissores resulta em uma criança calma, feliz e pronta para enfrentar as frustrações de maneira produtiva.

O cérebro, inteligentemente, armazena experiências passadas de frustração, transformando-as em referências para lidar com situações semelhantes no futuro. Ao se deparar com um desafio, o cérebro recupera respostas eficazes de situações anteriores, contribuindo para o desenvolvimento do repertório neurológico de frustração. Esse repertório capacita o indivíduo a lidar efetivamente com as adversidades que surgem, formando alicerces sólidos para uma saúde mental positiva e equilibrada.

Os pais desempenham um papel crucial nesse processo de construção essencial para o desenvolvimento, fornecendo ferramentas que possibilitam o cultivo de uma saúde mental positiva e resiliente nos filhos. Ao dizer "não", estabelecer limites e exercer autoridade, os pais não prejudicam, mas, ao contrário, promovem um desempenho mais eficaz diante dos desafios emocionais. Essas práticas não apenas solidificam a base emocional das crianças, mas também cultivam sua capacidade inestimável de resiliência, essencial para o bem-estar.

Num cenário em que as famílias contemporâneas muitas vezes vacilam na imposição de limites e no desenvolvimento do caráter das crianças, torna-se imperativo questionar como podemos esperar que esses indivíduos, cujas bases não foram firmemente estabelecidas, respondam de maneira equilibrada a ambientes escolares ou sociais. A construção sólida desde a infância, ancorada em princípios claros, é a chave para um florescimento pleno e harmonioso no futuro.

11

ENTRE A FAMÍLIA E A SOCIEDADE: A CONSEQUÊNCIA DA TRANSFERÊNCIA EDUCACIONAL

A discussão em torno da transferência da responsabilidade pela criação dos filhos durante a primeira infância é um tema complexo e controverso, permeado por questões que envolvem a maternidade, os cuidados infantis e as responsabilidades parentais. É crucial compreender que essa delegação de responsabilidades não se restringe apenas ao ambiente escolar, começando logo após o nascimento e desencadeando uma série de implicações até chegar à interação das famílias com as instituições de ensino.

Quando uma criança, nos primeiros anos de vida, experimenta a quebra do vínculo familiar ao ser colocada em creches, berçários ou aos cuidados de parentes, uma série de consequências relevantes se manifesta. Embora a transferência da criação dos filhos possa ser encarada como uma solução para aliviar a pressão sobre mães e pais que trabalham, há potenciais efeitos negativos. Isso pode resultar na falta de vínculo emocional entre pais e filhos, além de privar os pais de oportunidades para compreenderem e crescerem com seus filhos.

Apesar dos prós e contras, a transferência da criação dos filhos na primeira infância é uma questão complexa que demanda atenção. Os pais devem considerar cuidadosamente todas as opções disponíveis e avaliar o que é melhor para suas famílias. Diversos motivos influenciam essa decisão, incluindo a necessidade de trabalho, limitações financeiras, falta de apoio familiar, falta de tempo e preferências individuais.

Uma pesquisa realizada pelo Instituto Datafolha em 2018 revelou que aproximadamente 24% das crianças brasileiras de 0 a 5 anos eram cuidadas por terceiros. A delegação da criação dos filhos mostrou-se mais comum entre brasileiros com maior nível de instrução e renda, conforme constatado pela Fundação Getúlio Vargas em 2019. Essa pesquisa apontou que cerca de 44% dos pais brasileiros transferem os cuidados com seus filhos na primeira infância, motivados principalmente pela necessidade de trabalho, falta de tempo e ausência de ajuda familiar.

Embora delegar a criação dos filhos alivie a pressão sobre pais que trabalham e garanta cuidados adequados, os prejuízos a longo prazo não podem ser ignorados. A falta de um vínculo emocional sólido pode impactar negativamente o desenvolvimento e comportamento da criança, prejudicando suas habilidades sociais e emocionais. Ademais, a ausência dos pais pode resultar na perda de oportunidades para compreenderem e crescerem com seus filhos, afetando a interação familiar.

A transferência da responsabilidade pela criação dos filhos na primeira infância está se tornando cada vez mais comum nas famílias brasileiras, exigindo uma compreensão aprofundada dos significados atribuídos a essa prática. Muitos pais veem essa decisão como uma solução necessária para conciliar trabalho e cuidados infantis, ao mesmo tempo em que reconhecem os riscos e as desvantagens envolvidos. O impacto potencial sobre o desenvolvimento e comportamento das crianças, combinado com a dificuldade dos pais em participar ativamente da vida de seus filhos, destaca a complexidade dessa escolha.

É crucial considerar as diferentes perspectivas dos pais, que podem variar desde ver a delegação como uma estratégia essencial até sentir-se culpados por não poderem dedicar tempo suficiente aos filhos. Isso suscita reflexões importantes sobre o equilíbrio necessário entre as demandas profissionais e familiares. Ao explorar essas nuances, podemos entender melhor os desafios enfrentados pelas famílias modernas e buscar maneiras de apoiá-las na tomada de decisões que promovam o bem-estar e o desenvolvimento saudável das crianças.

As relações familiares desempenham um papel fundamental nos primeiros mil dias de vida de uma criança, conforme enfatizado pelo renomado pediatra, neonatologista e escritor, doutor José Martins Filho (2007). Esse período crucial compreende a gestação, com aproximadamente 280 dias, somados aos dois primeiros anos de vida, totalizando mil dias. Essa fase é essencial por ser durante esses primeiros mil dias que ocorre o mais significativo desenvolvimento mental, neurológico e imunológico do ser humano, moldando de maneira fundamental toda a trajetória da vida.

A trigésima semana de gestação marca o início do funcionamento do cérebro intraútero, apresentando um desenvolvimento progressivo e acelerado. Nesse período, 65% da energia da criança é direcionada para a expansão cerebral. Após o nascimento, o bebê já estabelece cerca de 2.500 sinapses, processo no qual os neurônios se conectam, formando uma cadeia essencial para o desenvolvimento cerebral. Embora uma criança nasça com aproximadamente 100 bilhões de neurônios, chega à fase adulta com apenas 20 bilhões devido a uma poda neural, na qual o cérebro elimina os neurônios menos utilizados ou pouco estimulados. Nesse contexto, a plasticidade cerebral assume um papel crucial, descartando neurônios não estimulados. Portanto, a estimulação durante a infância é vital e atividades como interação, brincadeiras, conversas e cantar contribuem para enriquecer esses estímulos e nutrir o cérebro com informações essenciais nessa fase inicial.

O pesquisador e professor de pediatria de Harvard, Charles Nelson (2013), compartilha os resultados de sua pesquisa em orfanatos na Romênia em 2000, enfocando a relação entre estimulação amorosa e o desenvolvimento infantil. A experiência foi descrita como aterrorizante, com crianças enfrentando desde síndromes graves e doenças mentais até situações de negligência extrema. Nelson (2013) cunhou o termo "nanismo psicossocial" para explicar que, em condições de negligência, o cérebro deixa de produzir hormônios essenciais para o crescimento. Crianças negligenciadas perdem progressivamente em crescimento e desenvolvimento cognitivo, enfrentam problemas psiquiátricos e seus cérebros podem atrofiar.

Os primeiros dois anos de vida são cruciais, pois o cérebro depende fortemente de experiências para um desenvolvimento saudável. Se houver deficiência nessas experiências, o progresso cerebral fica comprometido. Durante essa fase, ocorre um rápido desenvolvimento cerebral e a priorização de experiências é vital para habilidades básicas como andar, falar e pensar. Negligenciar o cérebro nesse período é equiparado a privar um computador de instruções. Estudos na Romênia indicaram que a atividade elétrica no cérebro é menor em crianças em orfanatos, mas se transferidas para famílias saudáveis, a atividade cerebral normaliza. Ressonâncias magnéticas em crianças entre 8 e 10 anos mostraram que aquelas em instituições tinham cérebros menores com menos matéria cinzenta e branca. A transferência para famílias de acolhimento demonstrou algum crescimento na massa branca, mas a massa cinzenta não apresentou melhora, indicando possíveis danos permanentes. Essa perda de células e conexões é problemática, uma vez que, se as células forem perdidas, provavelmente não há tratamento reverso.

A inevitável conclusão é que experiências adversas nos primeiros anos de vida das crianças deixam marcas profundas em seu desenvolvimento. Durante o chamado "período crítico", o cérebro demanda experiências apropriadas em momentos específicos para desenvolver-se normalmente. A ausência dessas oportunidades resulta em atrasos significativos. Surpreende como esses intervalos temporais são precisos e, infelizmente, é fácil perder essa janela de oportunidade.

A Epigenética, campo de estudo que vai além da genética, analisa modificações químicas reversíveis no DNA que, embora não alterem a sequência genética, podem ser transmitidas aos descendentes. Essas marcas epigenéticas respondem a estímulos externos, indicando que a exposição a fatores ambientais pode modificar a programação epigenética e aumentar o risco de diversas doenças. Isso evidencia que o ambiente em que uma criança é criada desempenha um papel crucial em sua futura identidade e exerce uma influência significativa em seu desenvolvimento. Crianças que crescem em um ambiente de cuidado, afeto e estímulos têm menos predisposição a influências negativas.

Quando uma criança enfrenta a ruptura de vínculos com os pais, pode manifestar sinais indicativos da "síndrome dos pais ausentes". Essa síndrome, composta de diversos sintomas, pode se manifestar por meio de irritação, distúrbios de sono e alimentação, manifestações de tristeza e, frequentemente, choro excessivo na ausência dos pais. A ausência crônica dos pais pode desencadear complicações sérias no desenvolvimento, contribuindo para doenças psicoemocionais e físicas.

A falta sistemática de presença e atenção dos pais no ambiente familiar pode ser considerada uma enfermidade, gerando complicações graves no desenvolvimento infantil. A ausência de amor, carinho e atenção parental pode resultar em problemas como depressão, irritabilidade e atraso no desenvolvimento. Diante desse cenário, é crucial repensar o tempo que os pais passam com as crianças, especialmente nos primeiros anos de vida. A Organização Mundial da Saúde (OMS) e a Sociedade de Pediatria recomendam que as crianças permaneçam com a família até os 2 anos, no entanto, o Brasil, entre outros países, inicia frequentemente a delegação de cuidados logo nos primeiros meses de vida, o que é considerado um equívoco.

Embora compreendamos que a situação atual é desafiadora, com pais e mães trabalhando e enfrentando dificuldades para ficar com os filhos, a prática de colocar bebês em creches já nos primeiros meses de vida é um ponto de preocupação. Muitos países ainda carecem de licenças-maternidade prolongadas para permitir que as mães dediquem tempo suficiente aos filhos. A ausência parental na criação das crianças é um tema sério, discutido globalmente, e demanda uma reflexão sobre políticas e práticas que promovam um ambiente saudável e afetivo para o desenvolvimento infantil.

Muitos países oferecem licença-maternidade de dois anos para as mães ou até mesmo de um ano. No caso em que a mãe desmamou a criança, o pai pode assumir esse período, especialmente se o emprego da mãe for crucial para ela e não puder se ausentar. No Brasil, notadamente em instituições influentes como o Senado Federal, a Câmara dos Deputados e as câmaras municipais, há um movimento para fortalecer as leis visando à proteção das crianças, propondo a extensão da licença-maternidade. Contudo, é essencial destacar que o ônus dessa concessão não deve recair sobre o empregador, mas sim ser responsabilidade do Estado, visando assegurar uma infância saudável. A Lei n.º 13.257, de 16 de março de 2016, instituiu uma licença-maternidade de 180 dias para mulheres trabalhadoras, independentemente da modalidade de contratação. Nesse contexto, há a possibilidade de o pai usufruir de parte desses dias, desde que a mãe já tenha desmamado o bebê. Além disso, são concedidas licenças adicionais, a critério do empregador, para a mãe cuidar do filho sem correr o risco de perder o emprego. O Projeto de Lei n.º 11/2015 propõe que o Estado contribua financeiramente para essas licenças, evitando, assim, sobrecarregar o empregador.

A infância é uma fase crucial, e se ela for delegada, deixando as crianças carentes de amor, afeto e presença, isso inevitavelmente afetará sua formação de personalidade. Investir nessa fase é de suma importância, pois aqueles que negligenciam esse cuidado pagarão um preço elevado no futuro, privando as crianças da capacidade de viver plenamente, trabalhar, divertir-se, ensinar, aprender, ajudar e experimentar paz, carinho, atenção e respeito, sem recorrer à violência. Além da amamentação exclusiva, a presença dos pais e o afeto dos familiares são elementos fundamentais na formação da personalidade da criança. A terceirização do cuidado infantil representa um risco significativo que pode resultar em sérios problemas de desenvolvimento.

Demonstrar amor, cuidar e estabelecer limites não significa superproteger, mas sim orientar a criança sobre o que é certo e errado, proporcionando uma educação infantil adequada. A infância é um período crucial e negligenciá-la, privando as crianças do amor e da presença necessários, resultará em danos não apenas pessoais, mas também sociais.

Embora as crianças possam receber estímulos em creches, instituições de ensino ou sob o cuidado de outras pessoas que não sejam os pais, esses estímulos (ou a falta deles) contribuirão significativamente para a formação do indivíduo. Não há comparação possível entre a influência dos próprios pais e a de outras pessoas na vida de uma criança. Os prejuízos dessa substituição têm sido observados ao longo das últimas décadas, refletindo em desafios psicossociais. A atuação de pais amorosos na formação de uma criança é insubstituível, mesmo quando essa responsabilidade é compartilhada com outros cuidadores.

12

O CONCEITO DA PARENTALIDADE DISTRAÍDA

Mesmo que a Revolução Tecnológica tenha proporcionado inúmeros benefícios à humanidade, ela também trouxe consigo desafios significativos e tendências que necessitam de avaliação constante. A Era Tecnológica iniciou na década de 1950, marcada pelo surgimento da tecnologia eletrônica e da informática, catalisando inovações em diversos setores da sociedade, como computadores, telefones, rádio, televisão, satélites, celulares, internet, robôs e inteligência artificial. A chegada dos computadores, especialmente, permitiu o processamento e armazenamento de informações de maneira mais rápida e eficiente, viabilizando a execução de tarefas complexas.

A evolução tecnológica não parou por aí. Outras inovações, como televisão, telefone, rádio, satélites e, mais recentemente, a internet, transformaram radicalmente a maneira como nos comunicamos, nos informamos, nos divertimos, trabalhamos e estudamos. A presença da tecnologia permeia quase todos os aspectos de nossa vida cotidiana, desde a comunicação até as transações comerciais, a educação e o trabalho.

A era da tecnologia nos força a nos adaptarmos a uma nova realidade, substancialmente diferente daquela existente anteriormente. Essa transformação impacta como pensamos e nos relacionamos com o mundo ao nosso redor. A tecnologia é frequentemente utilizada como um meio de controlar e manipular o comportamento humano, explorando como isso pode ser instrumentalizado para promover uma nova ordem mundial. A crescente influência das tecnologias digitais e dos algoritmos levanta preocupações sobre sua utilização para monitorar, influenciar e até direcionar o comportamento das pessoas. Essa capacidade de manipulação pode ser vista como um potencial para moldar agendas globais e promover interesses específicos, às vezes à custa da liberdade individual e da autonomia.

Diante desse cenário, surge a necessidade premente de criar formas de resistência contra as forças que estão moldando negativamente a vida humana. Isso inclui não apenas a conscientização sobre os impactos da tecnologia no comportamento e na sociedade, mas também o desenvolvimento de estratégias para proteger a privacidade, promover a transparência e fortalecer os direitos individuais em face das pressões tecnológicas. É essencial buscar um equilíbrio entre os benefícios da inovação tecnológica e a preservação dos valores democráticos e dos direitos humanos fundamentais.

Em suma, a reflexão crítica sobre o uso da tecnologia como instrumento de controle e manipulação é fundamental para garantir que ela seja utilizada de maneira ética e responsável, em prol do bem-estar coletivo e do avanço humano, em vez de servir a interesses que possam comprometer nossa liberdade e dignidade.

Essas mudanças têm repercussões significativas nas relações humanas, alterando a maneira como as pessoas interagem e estabelecem conexões. A tecnologia possibilita a conexão instantânea com pessoas ao redor do mundo, o que pode abrir novas oportunidades e fomentar interações entre as pessoas. No entanto, esse mesmo avanço tecnológico pode resultar na perda de contato com aqueles fisicamente próximos, favorecendo relações superficiais. Além disso, a dependência crescente de aplicativos e plataformas digitais para expressar opiniões e sentimentos também molda as formas de comunicação e expressão.

O impacto da tecnologia na vida humana muitas vezes resulta em uma desconexão do mundo ao nosso redor, transformando nossa percepção dele em algo manipulável e estático, em vez de reconhecermos sua complexidade e interconexão. A dependência crescente da tecnologia pode nos afastar do contato genuíno com o ambiente natural e, consequentemente, de nossa própria essência humana. Ao nos acostumarmos a ver o mundo como um recipiente de recursos ou um espaço a ser moldado para atender às nossas necessidades, corremos o risco de perder a sensibilidade e a empatia necessárias para nos relacionarmos de forma autêntica com ele e com os outros seres vivos que o habitam.

Portanto, é crucial refletir sobre os impactos profundos da tecnologia em nossas vidas e buscar maneiras mais conscientes de utilizá-la. Isso implica não apenas considerar como a tecnologia pode facilitar nossas vidas, mas também como pode alterar nossa percepção e interação com o mundo ao nosso redor. Ao adotar uma abordagem mais consciente e equilibrada em relação à tecnologia, podemos evitar cair na armadilha de ver o mundo como um objeto estático e inerte. Em vez disso, podemos cultivar uma conexão mais profunda e significativa com a natureza, reconhecendo sua vitalidade e complexidade, e agindo de maneira mais responsável e sustentável em nosso papel como seres humanos interdependentes neste planeta.

O escritor e filósofo britânico Nick Harkaway desenvolveu uma narrativa sobre a Era Tecnológica, destacando seu impacto nas formas de relacionamento, comunicação e interação. Em seu livro *A Rede de Sombra*, ele explora como as tecnologias digitais redefinem a maneira como as pessoas se conectam e comunicam. Harkaway argumenta que a nova tecnologia amplia a capacidade das pessoas de compartilhar histórias e criar narrativas, permitindo uma conexão mais profunda. Ele também destaca a criação de novas formas de contar histórias, como vídeos, histórias interativas e jogos. No entanto, reconhece o impacto negativo da Era Tecnológica, particularmente na criação de novas formas de controle social. As tecnologias digitais possibilitam que governos e organizações monitorem de perto as ações das pessoas, limitando as possibilidades de resistência. Ele também argumenta que a tecnologia propicia novas formas de manipulação, como anúncios direcionados e algoritmos que incentivam comportamentos específicos. A tecnologia promove um mundo de "escuridão digital", onde as pessoas podem realizar atividades sem serem facilmente identificadas, o que pode resultar em aumento da criminalidade. A "escuridão digital" refere-se ao anonimato proporcionado pelas tecnologias digitais, permitindo atividades desonestas sem enfrentar consequências.

A tecnologia pode gerar o efeito de desinibição social e comportamento antissocial. O fenômeno conhecido como efeito de desinibição online revela que as pessoas se sentem mais à vontade para expressar sentimentos e opiniões ao usar tecnologias como celular ou internet. Embora possa ser benéfico em algumas situações, ele adverte que pode resultar em desinibição social e comportamento antissocial. Por exemplo, as pessoas podem ser tentadas a proferir palavras ofensivas ou ameaçadoras ao utilizar tecnologia, sem a preocupação imediata com as consequências. Além disso, a tecnologia facilita a exploração de outras pessoas, pois muitos podem se sentir à vontade para agir de maneira inadequada sem a presença de autoridade para reprimir tal comportamento.

Vale mencionar o termo "infoxicação", utilizado para descrever a intoxicação mental resultante do excesso de informação, ou o ato de absorver dados que geram sentimentos desagradáveis, como tristeza, culpa, confusão ou pessimismo. Essa toxidez pode estar presente em programas, séries, mensagens ou discussões nas mídias sociais. A exposição constante a essa sobrecarga de informações pode levar a uma vida menos satisfatória e feliz, tanto no âmbito pessoal quanto profissional. Diariamente, somos inundados por uma quantidade massiva de dados. De acordo com o ex-CEO da Google, Eric Schmidt, a cada dois dias produz-se a mesma quantidade de informação acumulada desde o início da civilização até 2003.

Se, anteriormente, tínhamos acesso a uma quantidade limitada de jornais e revistas, hoje somos impactados por uma variedade de fontes, como sites, blogs, mídias sociais, aplicativos de mensagens, lojas virtuais e plataformas de streaming. Escapar do mar de informações que nos cerca e nos chama a reagir tornou-se impossível. Os especialistas já estão cientes dos efeitos do intenso fluxo de dados em nossa saúde mental e bem-estar. Nosso cérebro não está preparado para lidar com essa avalanche de informações, sendo o conteúdo e a maneira como interagimos com elas fatores ainda mais prejudiciais. A soma desses dois fatores, quantidade e qualidade das informações, resulta na "infoxicação" – um dos maiores males do nosso tempo.

Em questão de minutos, somos expostos a tragédias, eventos confirmados, piadas e participamos de reuniões online. Manter a concentração, o bom humor e o interesse diante de tanta emoção e distração é uma tarefa árdua para o cérebro. Algumas pessoas optam por se desconectar por um período prolongado, abandonando as redes sociais ou trocando dispositivos tecnológicos por opções mais simples para recuperar o equilíbrio. O medo de ficar para trás afeta muitas pessoas e, às vezes, precisa ser tratado com a ajuda de profissionais especializados.

O fato é que o bombardeio constante de estímulos informacionais tem gerado crescente insatisfação. Estamos constantemente desejando coisas das quais sequer necessitamos, influenciados por propagandas que convencem nossa mente de que precisamos de futilidades, tornando-nos mais propensos ao consumismo desenfreado. O uso excessivo das mídias também tem criado especialistas generalistas, temos acesso a informações sobre todos os assuntos, mas não nos aprofundamos em nada. Isso também alimenta a ideia de que todos devem dar sua opinião sobre tudo, resultando em discussões intermináveis sobre assuntos que desconhecemos muitas vezes ou sobre os quais não temos autoridade. O pior sintoma desse excesso de informação é a insensibilidade ao sofrimento humano, normalizado pelo excesso de notícias e contato apenas virtual, não presencial, com as dores alheias. Cenas diárias de violência, guerras, catástrofes e fome não nos afetam compassivamente, pois simplesmente as consideramos problemas distantes ou além de nossa capacidade de intervir. Continuamos rolando a linha do tempo ou mudando de canal em busca do que nos proporciona bem-estar, evitando o que nos causa repulsa.

O rápido avanço tecnológico tem desempenhado um papel significativo na crescente desensibilização humana em relação ao sofrimento dos outros. À medida que somos bombardeados com notícias e conteúdos sobre violência, guerras, desastres naturais, fome e outras formas de adversidade, a exposição constante a essas realidades por meio de plataformas digitais pode resultar em uma desconexão emocional. A virtualização do contato com o sofrimento alheio pode levar as pessoas a se tornarem menos sensíveis e menos capazes de se relacionarem genuinamente com as dificuldades enfrentadas por indivíduos e comunidades ao redor do mundo.

A prevalência de interações principalmente virtuais pode contribuir para uma percepção distorcida da realidade, em que a proximidade digital não se traduz necessariamente em compaixão ou ação significativa. O distanciamento emocional criado pela tecnologia pode influenciar a maneira como as pessoas percebem e respondem aos desafios globais, muitas vezes resultando em uma resposta de indiferença ou resignação diante das injustiças e do sofrimento humano.

No entanto, é crucial promover uma conscientização sobre os impactos dessa desconexão emocional e incentivar um retorno à humanidade nas interações virtuais. Defende-se a ideia de que devemos cultivar uma sensibilidade renovada para com o sofrimento dos outros e buscar ativamente maneiras de contribuir para soluções significativas e compassivas para os problemas que testemunhamos. Isso envolve não apenas estar informado, mas também agir de maneira empática e solidária, visando efetivamente melhorar as condições de vida e promover um mundo mais justo e compassivo para todos.

Todas essas considerações são realidades totalmente presentes, com as quais lidamos dia a dia e constatamos suas consequências em nossa própria vivência. De fato, as transformações do mundo tecnológico têm afetado profundamente nossas interações com o mundo e principalmente com o meio social. No entanto, as relações mais afetadas, nesse contexto, são as relações familiares. Podemos ousar dizer que os filhos desta Era são "educados" pela internet. Se essa realidade interfere na vivência, visão e interação na realidade dos adultos, imagine no que tange à formação de crianças e adolescentes.

O que podemos esperar de uma geração sem uma parentalidade presente, efetiva e engajada na formação desses indivíduos? O conceito de parentalidade distraída se refere aos pais estarem absorvidos pelas interações tecnológicas, substituírem a interação com os filhos pelos aparelhos eletrônicos, entregando também crianças e adolescentes aos ambientes virtuais, os quais se tornam a principal esfera de interação e meio de absorção de conteúdo.

Além do conceito de parentalidade distraída, há outros conceitos, como o de "influência tecnológica". A influência tecnológica se manifesta na educação de crianças e adolescentes, influenciando como se relacionam com o mundo e com os outros. A influência da tecnologia como crianças e adolescentes se relaciona com os pais e com os amigos, no que diz respeito às interações sociais e ao comportamento. Outro conceito mencionado é o de "geração digital" ou "geração de nativos digitais", que se refere a crianças e adolescentes nascidos nesse contexto. Essa geração é marcada pela familiaridade com os dispositivos tecnológicos e com a internet, o que lhes confere uma vantagem em relação às gerações passadas. Porém, se observa uma "vulnerabilidade digital", ou seja, os riscos a que crianças e adolescentes estão expostos por usarem a internet, tais como a exposição a conteúdo inadequado, exposição a predadores e roubo de identidade.

A tecnologia desempenha um papel cada vez mais significativo na vida de crianças e adolescentes, influenciando não apenas a forma como absorvem conteúdos educacionais, mas também sua percepção da realidade e interação com o meio ambiente. Com o advento de dispositivos digitais, aplicativos educacionais e acesso instantâneo à informação, a maneira como os jovens aprendem e se relacionam com o conhecimento tem passado por transformações profundas.

Em termos de absorção de conteúdo, a tecnologia oferece ferramentas que tornam o aprendizado mais acessível e dinâmico. Plataformas de *e-learning*, vídeos educativos e recursos interativos permitem que os estudantes explorem diferentes áreas do conhecimento de maneira autônoma e personalizada. Isso pode ampliar as oportunidades de aprendizado, proporcionando acesso a informações que antes eram limitadas pelo ambiente físico da sala de aula.

No entanto, essa facilidade de acesso também levanta questões sobre a qualidade e profundidade da absorção de conteúdo. A rapidez e a constante disponibilidade de informações podem favorecer uma superficialidade no aprendizado, desafiando educadores e pais a incentivarem uma abordagem crítica e reflexiva diante das fontes de informação disponíveis.

Em relação à percepção da realidade, a tecnologia pode alterar a forma como crianças e adolescentes interagem com o mundo ao seu redor. Jogos digitais, realidade virtual e mídias sociais criam novos espaços de experiência e socialização que podem ser tanto enriquecedores quanto potencialmente isoladores. A conexão digital pode proporcionar novas formas de interação e aprendizado, mas também pode afetar a maneira como os jovens desenvolvem habilidades sociais e emocionais no mundo físico.

Por fim, a interação com o meio ambiente também é impactada pela tecnologia. O uso extensivo de dispositivos eletrônicos pode levar a uma redução no tempo dedicado a atividades ao ar livre e à exploração física do ambiente natural. Equilibrar o uso da tecnologia com experiências ao ar livre e atividades físicas é essencial para promover um desenvolvimento saudável e holístico.

Em suma, a influência da tecnologia na absorção de conteúdo, na relação com a realidade e na interação com o meio ambiente é um campo complexo que exige um entendimento cuidadoso de seus benefícios e desafios. Educar crianças e adolescentes para utilizarem a tecnologia de maneira crítica e responsável é fundamental para maximizar suas potencialidades e mitigar potenciais impactos negativos em seu desenvolvimento.

O excesso de informação na internet pode exercer um impacto significativo e negativo na mente das crianças. Estudos indicam que essas informações podem aumentar a ansiedade, depressão e problemas de comportamento. Além disso, o excesso de informações pode resultar em desatenção, dificuldade de concentração e déficits no raciocínio. Uma pesquisa realizada na Universidade de Harvard (Foy & Devine, 2019) revelou que o tempo que as crianças passam online está associado a um maior risco de transtornos de ansiedade, depressão e problemas de comportamento. Os pesquisadores também constataram que crianças que dedicam mais tempo online têm uma probabilidade elevada de desenvolver problemas comportamentais, como agressão, violência e bullying. O uso excessivo da internet pode prejudicar a capacidade das crianças de aprender e resolver problemas, sendo observado que aquelas que passam mais de duas horas diárias na internet apresentam menor desenvolvimento de habilidades de pensamento crítico e tomada de decisão. Além disso, crianças que utilizam excessivamente a internet são mais suscetíveis a se exporem a conteúdos inapropriados, como pornografia e violência.

Esses estudos também indicam que o uso excessivo da internet pode levar as crianças a se envolverem em atividades de risco, como o consumo de drogas ou a participação em atividades criminosas. Portanto, é crucial que os pais auxiliem as crianças a gerenciar o tempo que passam na internet. É essencial que as crianças saibam discernir entre conteúdos apropriados e inadequados, compreendendo as potenciais consequências de se expor a materiais inapropriados. Os pais também devem conduzir conversas abertas com seus filhos sobre os riscos associados à exposição a conteúdos inadequados ou ao envolvimento em atividades de risco.

A negligência parental alcança um nível tão preocupante que pode se tornar objeto de judicialização. No entanto, devido à natureza sensível do tema, essa não é necessariamente a solução para o problema. O abandono afetivo não se limita à ausência de sentimentos de amor e carinho. A parentalidade distraída surge quando os pais deixam de dedicar a devida atenção aos filhos, entregando-se excessivamente às telas. O que pode parecer trivial à primeira vista pode acarretar consequências desastrosas. Essa forma de negligência parental constitui uma ruptura relacional que afeta as crianças em aspectos biopsicossociais. Os efeitos se manifestam em diversas áreas, dificultando que as crianças se sintam seguras e estabeleçam vínculos de confiança com seus cuidadores. Em casos de crianças mais velhas, os danos refletem na comunicação entre pais e filhos, resultando em uma distância nas relações. Além disso, pode levar as crianças a se exporem a situações perigosas, uma vez que deixam de compartilhar seu cotidiano com os pais. Adicionalmente, a parentalidade distraída cria uma relação prejudicial das crianças com as telas, já que aprendem, a partir dos pais, a ter uma associação prejudicial com esses dispositivos. A conscientização sobre os riscos do uso abusivo de telas é essencial, por afetar não apenas os adultos, as crianças, e a relação entre pais e filhos, mas também os vínculos com outras pessoas.

As repercussões da parentalidade distraída se traduzem em um aumento significativo de acidentes envolvendo crianças. Isso ocorre porque, quando os pais estão imersos em seus celulares, negligenciam a supervisão dos filhos. Estudos confirmam a correlação entre ocorrências de lesões em ambientes como parques e a falta de atenção dos pais devido ao uso da tecnologia. Dados apontam que, nos Estados Unidos, mais de 200 mil crianças são atendidas em unidades de emergência devido a quedas em parques. A desatenção parental decorrente do uso excessivo do celular tem impactos prejudiciais no desenvolvimento cognitivo e social das crianças, resultando em possíveis danos físicos, emocionais e de aprendizagem. Esse fenômeno contribui para o aumento da demanda por atendimento médico devido a acidentes. Além disso, as constantes interrupções na interação entre adultos e crianças podem comprometer o desenvolvimento cognitivo e a aprendizagem infantil.

Além dos prejuízos nas habilidades sociais das crianças, uma pesquisa publicada no *Journal of Child Development* (Fletcher & Sarkar, 2016) constatou que pais distraídos pela tecnologia têm filhos com maior propensão a crises de raiva, comportamento inadequado e agressividade, além de serem mais suscetíveis ao desenvolvimento de sintomas de depressão e ansiedade. Quando as crianças percebem que precisam competir por atenção, podem adotar comportamentos perigosos, como pular de alturas elevadas ou se expor a outros riscos na esperança de captar a atenção dos adultos.

A desatenção ocasional não é um problema em si, mas a negligência contínua é preocupante. Breves momentos, intencionalmente separando pais e filhos, são benéficos para ambos, mas diferem da desatenção que ocorre quando um pai está com a criança, mas transmite indiretamente que ela não é tão importante quanto outras distrações. Esse padrão parental é doloroso, com um pai presente fisicamente, mas emocionalmente ausente. As crianças pequenas farão de tudo para chamar a atenção de pais desatentos. Assim, é necessário questionar se os acessos de raiva tão comuns atualmente são uma tentativa de nossos filhos de recuperar nossa atenção total, afastando-nos do uso excessivo de celulares. Portanto, se desejamos que nossos filhos usem a tecnologia de maneira responsável, precisamos dar o exemplo, desconectando-nos do mundo virtual e estabelecendo conexões significativas com aqueles que estão presentes fisicamente e ansiosos por nossa atenção.

Considerando as abordagens deste capítulo, é incontestável a importância da ética familiar, dos valores e da educação para o desenvolvimento saudável de crianças e adolescentes. Essa relevância se manifesta desde a chegada de um novo ser e se consolida ao longo da formação desse indivíduo. É responsabilidade dos pais garantir que o desenvolvimento e a construção de valores e educação ocorram no seio da família, assumindo o papel devidamente atribuído aos progenitores e não delegando essa responsabilidade a terceiros. Caso contrário, comprometimentos visíveis e duradouros, como os identificados neste capítulo, podem se manifestar a curto, médio e longo prazo.

O lar é o primeiro ambiente onde as crianças absorvem conhecimentos fundamentais sobre comportamento humano, responsabilidade, moralidade e educação. A construção do caráter nesse contexto é crucial para a edificação de uma sociedade justa, ética e solidária. Nesse sentido, torna-se imperativo que os pais dediquem-se ativamente ao cultivo de valores.

A responsabilidade dos pais é fornecer às crianças um ambiente propício e oportunidades essenciais para um desenvolvimento holístico. Dessa forma, a ética familiar, os valores e a educação desempenham papéis cruciais no caminho do desenvolvimento saudável das crianças e na formação de seus caracteres. É essencial que os pais invistam tempo e esforço, garantindo que seus filhos cresçam dotados de responsabilidade moral e social.

13

EDUCAÇÃO TRANSFORMADORA: UM OLHAR PROFUNDO SOBRE OS PROJETOS INTEGRADORES

Os projetos integradores surgiram na década de 1960, na Alemanha, como parte do movimento da Escola Nova, propondo uma abordagem pedagógica inovadora. Essa concepção, baseada em temas transversais para integrar diversas disciplinas, ganhou destaque globalmente, originando programas educacionais como o Programa de Projetos de Ação Educativa, na França, em 1970, e o Projeto de Aprendizagem Baseado em Projetos (PBL), nos Estados Unidos, na década de 1980. Na Espanha, o Programa de Projetos de Aprendizagem adotou a abordagem na década de 1990.

Atualmente, os projetos integradores são amplamente empregados por educadores ao redor do mundo, desde a educação infantil até a superior. Essa abordagem visa motivar os alunos e desenvolver habilidades cruciais para a vida, como pesquisa, colaboração, criatividade e inovação.

Esses projetos pedagógicos, ancorados na metodologia de projetos, unificam componentes curriculares, proporcionando uma participação ativa dos alunos. Essa prática favorece o desenvolvimento de competências alinhadas à Base Nacional Comum Curricular (BNCC) e aborda temas multidisciplinares, contribuindo para a educação socioemocional dos estudantes. Durante a execução desses projetos, os alunos desempenham um papel central, com os professores atuando como guias. A comunidade também é envolvida, destacando a relevância desse modelo.

Kurt Hahn, educador e filósofo alemão, foi um precursor dessa abordagem, criando o Programa de Projetos de Ação Educativa em 1960. Seu objetivo era desenvolver a responsabilidade dos alunos, estimulando a aprendizagem por meio da colaboração, experimentação e exploração de temas transversais. Após servir na Primeira Guerra Mundial, Hahn retornou à Alemanha, tornando-se diretor de uma escola em Berlim. Em 1938, fundou o Gordonstoun School no Reino Unido, difundindo a abordagem dos Projetos Integradores. Hahn criticava o sistema educacional alemão, defendendo uma formação integral focada no desenvolvimento moral, intelectual e social, além de enfatizar a importância da experimentação e exploração.

Na década de 1980, os Estados Unidos adotaram a abordagem com o PBL, liderado por Bernie Dodge. Essa iniciativa visava desenvolver habilidades como trabalho em equipe, solução de problemas e pesquisa. O sucesso do PBL consolidou os projetos integradores em todos os níveis educacionais nos Estados Unidos.

A implementação da abordagem dos projetos integradores nos Estados Unidos foi motivada por diversas razões. Primeiramente, percebeu-se como uma forma inovadora e interdisciplinar de aprendizagem, buscando incentivar a curiosidade, criatividade e motivação dos alunos. Além disso, o PBL foi concebido com o intuito de desenvolver habilidades fundamentais para a vida, como trabalho em equipe, resolução de problemas, pesquisa e tomada de decisões. Considerou-se que essa abordagem contribuiria para a preparação dos alunos para o mercado de trabalho. Os resultados foram extremamente positivos, com estudos evidenciando que os alunos participantes de programas baseados nos projetos integradores apresentaram melhor desempenho acadêmico, maior motivação e habilidades aprimoradas em trabalho em equipe, resolução de problemas, pesquisa e tomada de decisões, alinhando-se aos princípios fundamentais desse conceito.

Na Europa, a implementação dos projetos integradores na educação se iniciou com a adoção de uma abordagem holística para a aprendizagem. Essa perspectiva visava criar ambientes educacionais propícios ao aprendizado por meio de projetos interdisciplinares e atividades colaborativas. Os Projetos Integradores foram desenvolvidos para auxiliar os alunos no desenvolvimento de habilidades e competências cruciais para o sucesso futuro, como o estímulo ao pensamento crítico, trabalho em equipe, desenvolvimento de habilidades de comunicação, engajamento com o meio ambiente e uso da tecnologia.

Esses projetos inspiram os estudantes a pensar de forma independente e colaborar para criar soluções para problemas reais. A implementação na Europa envolveu o estabelecimento de programas de financiamento, apoiando instituições educacionais na criação e execução desses projetos. Tais iniciativas auxiliaram escolas no desenvolvimento de recursos e materiais para o ensino e a aprendizagem baseados nos projetos integradores. Adicionalmente, foram implementados programas de formação para professores e profissionais da educação, garantindo que estivessem devidamente preparados para lecionar e apoiar esses projetos. Esses programas capacitaram os educadores a compreenderem os princípios fundamentais do ensino e da aprendizagem interdisciplinar, bem como a lidar com desafios e oportunidades oferecidos pelos projetos integradores.

Os impactos da implementação dos projetos integradores na educação na Europa foram diversos e positivos. Houve um significativo aumento na motivação dos alunos, impulsionado pelas atividades colaborativas e interdisciplinares. Esses projetos desempenharam um papel crucial no desenvolvimento de habilidades essenciais, como comunicação, trabalho em equipe e pensamento crítico, fundamentais para a formação de competências sólidas. Além disso, contribuíram para elevar a qualidade do ensino e a satisfação dos estudantes, resultando em melhorias no processo de aprendizagem.

Pesquisas realizadas por Jacobson (2011) indicam que a implementação de projetos integradores na educação impulsionou a motivação dos alunos em até 89%. O estudo conduzido por Veríssimo e Viegas revelou um aumento de até 81% na satisfação dos alunos com a educação. Outra pesquisa, realizada por Abreu e Sousa, evidenciou um acréscimo de até 75% na qualidade do ensino e da aprendizagem.

As práticas empregadas nos projetos integradores geralmente se manifestam em eventos escolares, como feiras de ciências, mostras culturais e investigações. Contudo, essa abordagem é meticulosamente planejada, organizada e direcionada. Os educadores desempenham um papel orientador, auxiliando os alunos na formulação de hipóteses, na argumentação e na busca de soluções coletivas e criativas para as situações propostas. As experiências são embasadas em evidências científicas, promovendo a investigação, a tomada de decisões e a obtenção de resultados.

Os professores desempenham um papel crucial na orientação dos estudantes, estimulando a formulação de hipóteses, o desenvolvimento de argumentos para as problematizações e a busca e o compartilhamento de soluções múltiplas, criativas, autorais e coletivas para as situações propostas. As atividades e experiências motivadoras têm como base evidências científicas, visando promover a robustez necessária para o processo educacional. O ensino nesse contexto também enfatiza o exercício da empatia e a habilidade de dialogar, observar, selecionar e informar.

O projeto integrador é uma metodologia que visa à integração de conteúdos e habilidades, buscando promover o desenvolvimento do pensamento crítico, criativo, colaborativo e do trabalho em equipe. Além disso, almeja o aprimoramento de habilidades de liderança, gerenciamento de projetos, tomada de decisões, comunicação e resolução de problemas. Ao cultivar essas habilidades, os alunos se tornam adaptáveis a novas situações, capazes de desenvolver soluções eficazes, além de proporcionar o desenvolvimento de habilidades transversais, como gestão do tempo e aprendizado contínuo, possibilitando aos alunos trabalharem colaborativamente, compartilharem conhecimento e explorarem novas soluções, sendo crucial para o desenvolvimento de habilidades essenciais para o sucesso pessoal e profissional.

O processo do projeto integrador compreende os seguintes passos:

- **planejamento** - define os objetivos e as atividades do projeto, além de alocar recursos e delegar tarefas entre os membros da equipe, estabelecendo prazos para entrega;

- **execução** - implementa o projeto conforme o planejado, incluindo a realização de tarefas, monitoramento de resultados e avaliação do progresso;
- **controle** - verifica e monitora resultados para assegurar a conformidade do projeto com o planejado;
- **revisão** - avalia se os objetivos foram alcançados, comparando os resultados obtidos com as metas planejadas;
- **relatório** - elabora um relatório final, analisando detalhadamente os resultados e propondo sugestões para melhorias futuras.

As práticas do projeto integrador abrangem os seguintes temas:

- **planejamento estratégico** - define objetivos, metas e estratégias do projeto, realizando análise de riscos, identificação de problemas e definição de estratégias de enfrentamento;
- **gestão de projetos** - coordena e monitora as atividades para garantir o cumprimento de objetivos, metas e estratégias;
- **gerenciamento de riscos** - antecipa possíveis riscos e estabelece medidas preventivas para minimizar impactos;
- **monitoramento e avaliação** - verifica resultados para garantir o alcance dos objetivos, avaliando-os em comparação com as metas planejadas;
- **relatório final** - apresenta um relatório detalhado dos resultados, com análise crítica e sugestões para futuras melhorias.

Alguns pesquisadores convergem na abordagem teórico-prática do projeto integrador, destacando a importância de uma fundamentação teórica para embasar a prática. Sublinham também a necessidade de um planejamento robusto, recursos adequados e avaliação eficiente para o sucesso do projeto.

#Projetos integradores no cenário brasileiro

O processo de introdução dos projetos integradores na educação brasileira começou no final da década de 1990, com a criação do Programa Nacional de Educação Integrada (PNEI). Esse programa foi concebido para fomentar a integração de conteúdos e temas entre disciplinas, proporcionando uma visão mais abrangente e global da educação. Diversos estados brasileiros adotaram essa abordagem e desenvolveram seus próprios planos e programas, como o Programa Integrado de Desenvolvimento Educacional (PIDE), no Distrito Federal, e o Programa de Aprendizagem Integrada (PAI), no Rio Grande do Sul.

Atualmente, os projetos integradores desempenham um papel fundamental nos currículos das escolas brasileiras, sendo seus benefícios para a formação dos alunos amplamente reconhecidos. Esses projetos auxiliam os estudantes no desenvolvimento de habilidades interdisciplinares, na melhor compreensão dos conceitos e na identificação das conexões entre diferentes disciplinas. Além disso, proporcionam uma visão mais abrangente do mundo, estimulando a reflexão sobre questões sociais, culturais e econômicas.

Os projetos integradores tornaram-se cada vez mais comuns na educação brasileira, sendo adotados por muitas escolas em seus currículos. Essas iniciativas possibilitam desenvolver habilidades intersetoriais, aprimorando a compreensão dos princípios e a correlação entre diversas disciplinas. Também contribuem para ampliar a perspectiva dos alunos sobre o contexto global, promovendo a reflexão sobre questões sociais, humanitárias e financeiras.

A implementação dos projetos integradores na educação brasileira resultou em mudanças positivas observáveis. Os alunos agora têm acesso a uma educação mais interdisciplinar, permitindo-lhes desenvolver habilidades e compreender conceitos de maneira mais profunda.

A implementação dos projetos integradores na educação brasileira tem gerado resultados positivos. Os estudos indicam que os alunos que participam desses projetos apresentam melhor desempenho acadêmico, maior motivação para aprender e uma compreensão aprimorada dos conteúdos, alinhando-se a resultados observados em contextos educacionais internacionais. Além disso, as pesquisas revelam que aproximadamente 83% dos alunos envolvidos em projetos integradores têm uma melhor compreensão de conteúdos de diversas disciplinas, enquanto 59% apresentam um desempenho acadêmico superior. Cerca de 74% desses alunos desenvolvem habilidades interdisciplinares.

Os projetos integradores foram gradualmente introduzidos no Brasil, começando com os programas de educação integrada desenvolvidos por estados e municípios. A recepção dessas mudanças pelas famílias brasileiras foi variada. Por um lado, os projetos integradores foram bem aceitos pelos pais, por oferecerem aos alunos uma abordagem mais abrangente e global da educação, preparando-os melhor para a vida profissional. Por outro lado, alguns pais consideraram que os novos projetos demandavam muito tempo e esforço de seus filhos, o que poderia ser um desafio para famílias com recursos mais limitados.

No entanto, essa implementação possibilitou, em muitos aspectos, uma participação mais ativa dos pais no contexto escolar. Com a introdução dos projetos integradores na educação no Brasil, observou-se uma presença significativa dos pais na esfera educacional. Isso ocorreu porque os pais foram envolvidos nas discussões sobre os projetos e os conteúdos abordados, além de participarem da avaliação dos resultados.

Os pais foram convidados a participar de atividades e eventos que contribuem para a formação dos alunos. Essa participação também foi crucial para criar uma comunidade escolar mais coesa, aumentando o envolvimento dos pais no processo educacional e fortalecendo a colaboração entre famílias e professores. Além disso, a participação ativa dos pais foi fundamental para promover a autonomia dos alunos, proporcionando-lhes um ambiente de aprendizagem mais compreendido pelos responsáveis.

Luiz Antônio Machado de Macedo, renomado professor de Educação, em sua obra *Educação Integrada: Perspectivas e Desafios para o Século XXI* (2002), destaca a necessidade de um comprometimento de todos os envolvidos para a efetiva implementação de projetos integradores na educação. Ele enfatiza a importância do fortalecimento da colaboração entre professores, a criação de ambientes de aprendizagem inovadores, o estímulo ao pensamento crítico e o desenvolvimento de projetos e programas que fomentem a discussão e reflexão sobre temas relevantes, com a participação efetiva dos pais.

Apesar de os projetos integradores priorizarem a evolução acadêmica, eles também promovem uma integração tangível entre a instituição de ensino e as famílias, contribuindo para o desenvolvimento holístico de crianças e adolescentes. Esse modelo visa equilibrar os papéis e o envolvimento de ambos os ambientes, envolvendo os pais de maneira mais ativa durante o processo escolar dos filhos, beneficiando a todos. Apesar de ainda existir um longo caminho a percorrer para melhorar essa relação, os projetos integradores oferecem perspectivas mais otimistas ao possibilitar essa interação escola/família.

Projetos integradores representam uma poderosa aliança transformadora entre família e escola, unindo esforços para enriquecer a jornada educativa dos estudantes. Essa abordagem pedagógica não apenas fortalece o aprendizado acadêmico, mas também promove uma colaboração significativa entre os dois pilares fundamentais na vida dos jovens.

Ao integrar conhecimentos de diferentes disciplinas e envolver tanto alunos quanto seus familiares, os projetos integradores transcendem as fronteiras tradicionais da sala de aula. Eles proporcionam oportunidades valiosas para que os estudantes apliquem o que aprenderam em contextos reais e relevantes, estimulando o pensamento crítico, a resolução de problemas e a criatividade.

Além disso, esses projetos reforçam o papel ativo da família no processo educacional, permitindo que pais e responsáveis se envolvam de maneira mais significativa na aprendizagem de seus filhos. A colaboração entre família e escola não apenas fortalece os laços familiares, mas também cria um ambiente de apoio e incentivo que é crucial para o desenvolvimento integral dos estudantes.

Dessa forma, os projetos integradores não são apenas uma metodologia educacional, mas sim uma plataforma poderosa para promover uma educação mais inclusiva, colaborativa e alinhada com as necessidades e aspirações dos jovens e suas famílias. Ao trabalharem juntos nessa aliança transformadora, família e escola não só potencializam o sucesso acadêmico dos estudantes, mas também os preparam de forma mais completa para os desafios e oportunidades do mundo contemporâneo.

A colaboração estreita entre a família e a escola desempenha um papel crucial no desenvolvimento holístico de crianças e adolescentes. Para alcançar esse objetivo, é imperativo que o processo educacional seja compartilhado entre ambas as instituições, trabalhando colaborativamente para promover o crescimento e desenvolvimento dos jovens.

A criação de mecanismos eficazes para a comunicação entre família e escola é essencial. Reuniões, discussões e outros meios de interação devem ser estabelecidos para garantir uma parceria efetiva. A abertura ao diálogo e a troca de conhecimentos e experiências são fundamentais para criar um ambiente propício ao progresso da criança.

As instituições educacionais têm o papel de convidar e incentivar ativamente os tutores a participarem na concepção de programas com propósitos sociais coletivos. Os planos escolares não devem limitar-se à memorização e compreensão de informações, ignorando as peculiaridades individuais de cada aluno. A participação das famílias na elaboração dos programas educacionais é vital, não apenas para o benefício dos próprios filhos, mas também para reconhecer a diversidade de estudantes com diferentes realidades socioeconômicas.

O envolvimento dos pais na educação é crucial, desempenhando um papel fundamental no processo educacional de seus filhos. Essa participação ativa contribui para promover o desenvolvimento positivo dos alunos, melhorando seu desempenho acadêmico, bem como seu bem-estar social e emocional. Conhecendo melhor as necessidades dos alunos, os pais podem oferecer apoio eficaz em seus esforços educacionais.

Além disso, a participação efetiva dos familiares é essencial para avançarmos na compreensão e aceitação da diversidade como um valor humano. Isso requer sair do conformismo, proporcionando um contato mais próximo com outras realidades para desenvolver empatia e tolerância.

A união de esforços entre escola e família é crucial para compreender as limitações e dificuldades, proporcionando uma educação e avaliação adequadas às necessidades individuais, visando à construção de um ambiente inclusivo e empático. Essa abordagem colaborativa é fundamental para a construção de um mundo melhor, onde cada instituição, embora desempenhando papéis distintos, atue unida em um propósito comum. Apesar de parecer utópico, é um objetivo alcançável com a devida dedicação.

Os benefícios dessa união entre família e escola são:

- **oportunidades iguais** - a colaboração entre famílias e escolas assegura que todos os alunos tenham acesso às mesmas oportunidades educacionais, considerando suas necessidades individuais;
- **desenvolvimento de valores** - a participação ativa dos familiares na educação promove valores como solidariedade e responsabilidade social, incentivando os estudantes a serem mais tolerantes e compreensivos;
- **desenvolvimento de empatia** - a união entre família e escola contribui para uma cultura de empatia e tolerância, permitindo que os alunos reconheçam e aceitem as diversidades como parte integrante do valor humano;
- **estímulo ao diálogo** - a proximidade entre família e escola fomenta o diálogo, facilitando a compreensão e resolução de desafios enfrentados pelos alunos. Essa colaboração cria um ambiente de confiança, possibilitando uma educação e avaliação adaptadas às necessidades individuais de cada aluno.

Apesar dos desafios, é crucial superar o distanciamento entre famílias e profissionais da educação para tornar a inclusão uma realidade. Reconhecer que a educação é uma responsabilidade compartilhada entre famílias e Estado é essencial para promover um ambiente educativo acolhedor e responsável. O amor, por si só, não é suficiente. A verdadeira participação e o comprometimento dos pais são essenciais para o desenvolvimento educacional adequado de seus filhos, contribuindo para uma sociedade mais justa e equitativa.

Educar um filho vai além da criação; é um desafio complexo que requer a formação de um indivíduo independente, emancipado e íntegro, capaz de conviver pacificamente com seus pares e com a sociedade. O respeito, embora essencial, muitas vezes não é suficiente. A apreciação dos familiares e educadores pela criança, adolescente ou jovem, por si só, pode não fornecer o amor necessário para apoiá-los quando mais precisam. É preciso ir além do cansaço e da conformidade, progredindo com propostas e iniciativas que favoreçam o acolhimento e a educação de todos, sem distinção. Nesse sentido, estudar, dialogar e trocar ideias com outros que compartilham o objetivo de uma educação mais humanizada é a chave para superar a inércia e a resistência daqueles que se tornam obstáculos para uma educação inclusiva.

A educação humanizada visa desenvolver integralmente os indivíduos, trabalhando seu potencial intelectual, emocional e social. Além dos conteúdos e objetivos tradicionais, destaca-se o desenvolvimento de habilidades essenciais para a vida, como o pensamento crítico, a comunicação eficaz, a resolução de problemas e a criatividade. No século XXI, essa abordagem torna-se ainda mais relevante, promovendo valores éticos, morais e competências sociais.

Estratégias para implementar a educação humanizada incluem a promoção de aprendizagem colaborativa, o uso de metodologias ativas e inovadoras, a integração de habilidades sociais e emocionais no ambiente educacional e a criação de um espaço de aprendizagem seguro e aberto. A aplicação dessas estratégias é crucial em todos os níveis educacionais, desde a escola primária até o ensino superior, contribuindo para uma sociedade mais justa, inclusiva e democrática.

A participação ativa dos pais é central na educação humanizada. Eles desempenham um papel fundamental no desenvolvimento de valores, princípios e habilidades sociais e emocionais essenciais para seus filhos. A escola, por si só, não pode proporcionar tudo isso. Os pais devem se envolver no processo de aprendizagem de seus filhos, oferecendo suporte emocional e estimulando o progresso intelectual, afetivo e social.

Diante disso, surge a reflexão sobre a razão pela qual alguns pais se abstêm de participar ativamente na vida escolar de seus filhos. É essencial compreender as barreiras que impedem essa participação e encontrar maneiras de incentivá-los, reconhecendo a importância desse envolvimento para o crescimento e desenvolvimento saudável de crianças e adolescentes.

Diversos motivos contribuem para a relutância dos pais em se comprometerem com a vida escolar de seus filhos. Fatores como agendas de trabalho apertadas frequentemente limitam a disponibilidade dos pais para acompanhar de perto o progresso educacional de seus filhos. A falta de conhecimento para auxiliar nos estudos é outra razão comum, impedindo alguns pais de contribuírem efetivamente. Além disso, relações adversas com professores ou a própria escola podem criar desconforto, desencorajando a participação ativa em atividades escolares. Por fim, a dificuldade em estabelecer uma comunicação eficaz com os filhos ou a ausência de experiência educacional também são obstáculos que dificultam o envolvimento parental.

Estudos revelam dados específicos sobre a omissão dos pais na vida escolar de seus filhos no contexto brasileiro. Uma pesquisa conduzida pela Universidade de São Paulo (USP) em 2019, envolvendo mais de 2.000 famílias, revelou que um em cada quatro pais ou responsáveis não participa ativamente da vida escolar dos filhos. As razões para essa ausência variam, desde a falta de tempo até a falta de interesse ou o sentimento de inutilidade por parte dos pais. Esses dados destacam a necessidade de explorar abordagens inovadoras para incentivar e facilitar a participação dos pais na educação de seus filhos.

14

A INFLUÊNCIA DE ÉMILE DURKHEIM NA RELAÇÃO FAMÍLIA-ESCOLA

No final do século XIX, Émile Durkheim despontava como um dos visionários da Sociologia moderna. Suas ideias não apenas transformaram a disciplina, mas também deixaram uma marca indelével na compreensão da sociedade. No entanto, sua contribuição não se limitou à Sociologia; suas reflexões sobre a educação, particularmente em *A Divisão do Trabalho Social*, destacaram a importância da relação entre família e escola no desenvolvimento moral das crianças.

A crença de que a família e a escola são forças fundamentais na formação do indivíduo na sociedade é profundamente enraizada na ideia de que essas instituições desempenham papéis complementares e essenciais. Para muitos, a família representa o primeiro ambiente moral das crianças, em que valores, ética e princípios são transmitidos desde os primeiros anos de vida. É nesse contexto familiar que os jovens aprendem sobre responsabilidade, respeito e amor, moldando sua visão de mundo e suas interações sociais iniciais.

Por outro lado, a escola se estabelece como o segundo ambiente influente na vida dos estudantes. Além de fornecer conhecimentos acadêmicos, a escola é um espaço onde são reforçados e ampliados os valores e as habilidades sociais aprendidos em casa. A interação com colegas e professores, a participação em atividades extracurriculares e a experiência de lidar com desafios acadêmicos e sociais contribuem significativamente para o desenvolvimento moral e social dos jovens.

A sinergia entre família e escola é crucial, pois cada uma dessas instituições complementa e fortalece as contribuições da outra. Quando família e escola trabalham juntas em harmonia, proporcionam aos jovens as melhores oportunidades para crescerem como indivíduos éticos, responsáveis e socialmente conscientes. Essa colaboração não só prepara os estudantes para enfrentar os desafios da vida adulta, mas também os capacita a contribuir de maneira positiva para a comunidade e para a sociedade como um todo.

Assim, preconizava a necessidade de um esforço conjunto entre família e escola. A partilha de informações sobre o desenvolvimento dos alunos, a criação de conexões entre o ambiente escolar e o lar, o estabelecimento de um diálogo aberto entre pais e professores e a criação de um ambiente seguro para a aprendizagem eram elementos-chave em sua proposta.

Em sua busca por uma sociedade equilibrada, Durkheim propunha práticas educacionais integradas. Ele enfatizava a importância do compartilhamento de informações entre a família e a escola, destacando que pais e professores deveriam manter-se informados sobre o progresso e os desafios dos alunos.

A necessidade de estabelecer conexões entre o ensinado na escola e a prática em casa também era central em sua visão. Isso implicava uma colaboração ativa entre pais e professores na transmissão de valores e princípios fundamentais para o desenvolvimento moral.

A criação de um diálogo saudável, no qual pais e professores discutem objetivos educacionais e compartilham suas perspectivas, é um pilar essencial dessa abordagem. Além disso, proporcionar um ambiente seguro e estimulante para as crianças era crucial para garantir um desenvolvimento moral e social ótimo.

#A família e a escola na construção do indivíduo na sociedade

A relação entre família e escola é essencial na construção do indivíduo na sociedade. A família proporciona o ambiente necessário para o desenvolvimento físico, emocional e intelectual, enquanto a escola é responsável por desenvolver habilidades e competências para a participação ativa na sociedade.

Ambas as entidades devem trabalhar em conjunto, reforçando o que é aprendido na escola e vice-versa. Estabelecer uma relação que incentive a participação da criança nas atividades escolares, promovendo a expressão de pensamentos e respeitando opiniões, contribui para a formação de um indivíduo socialmente responsável.

No livro *Educação em Família*, de Tânia Curi (2009), são explorados diversos conceitos relacionados à educação em família. A autora destaca que a educação em família vai além do ensino escolar, abordando as interações familiares e sociais. Investir tempo e esforço nesse tipo de educação contribui para o desenvolvimento integral e saudável dos indivíduos.

Estabelecer vínculos positivos na família, desenvolver competências diversas, respeitar e valorizar opiniões, promover a comunicação eficaz e compreender e aceitar as diferenças entre os membros familiares são todas ações importantes para o desenvolvimento.

A educação família-escola não se limita ao aspecto acadêmico, abrange também elementos psicossociais cruciais para o desenvolvimento saudável de crianças e adolescentes. A autoconfiança e a autoestima, fundamentais para enfrentar desafios da vida, são formadas por experiências positivas e apoio.

Os desafios contemporâneos, como a pressão das redes sociais e a competitividade escolar, podem abalar a autoconfiança e a autoestima. Pais têm papel fundamental nesse contexto, incentivando a autonomia, responsabilidade e autodisciplina.

A escola também desempenha um papel crucial, oferecendo ambientes seguros, programas que enfatizem habilidades interpessoais e treinamento para lidar com desafios emocionais. O desenvolvimento da autonomia, envolvendo habilidades cognitivas e sociais, é parte integral desse processo contínuo e progressivo.

Em síntese, a relação entre família e escola, conforme vislumbrada por Durkheim, fornece um alicerce sólido para a construção de indivíduos socialmente responsáveis, capazes de compreender as regras da sociedade e agir de acordo com elas. Essa abordagem integrada, aliada a práticas educacionais conscientes, é essencial para moldar o futuro de nossas gerações.

Na jornada da educação familiar e escolar, um princípio fundamental destaca-se: incentivar a autonomia e responsabilidade dos indivíduos. Os pais desempenham um papel vital nesse processo, fornecendo apoio, limites e estrutura para que seus filhos desenvolvam a capacidade de tomar decisões responsáveis e se tornem independentes.

Para os pais, a promoção do autocontrole em crianças e adolescentes é uma missão desafiadora, mas essencial. Permitir que tomem decisões sobre o que vestir, como organizar seus espaços pessoais e assumir responsabilidades domésticas são estratégias eficazes. Ao estimular a independência, os pais concedem a liberdade necessária para explorar e decidir por si mesmos.

A arte do equilíbrio torna-se fundamental. Os pais devem estar disponíveis para orientar e apoiar quando necessário, mas também permitir que seus filhos explorem independentemente e tomem suas próprias decisões.

Ensinar responsabilidade aos filhos é um desafio que pode ser enfrentado com eficácia. Quando oferecem responsabilidades pequenas e adequadas ao nível de desenvolvimento da criança, como escolher a própria roupa ou ajudar nas tarefas domésticas, os pais criam oportunidades para a tomada de decisões e aprendizado com os erros.

Estabelecer limites claros e consistentes, elogiar e encorajar quando as crianças assumem responsabilidades são estratégias poderosas para desenvolver habilidades decisivas. Ao oferecer oportunidades para a tomada de decisões e aprender com os erros, os pais capacitam seus filhos a desenvolverem as habilidades necessárias para decisões assertivas.

#A escola como facilitadora da autonomia

O desenvolvimento da autonomia na infância e adolescência é uma pedra angular para interações sociais saudáveis, especialmente no ambiente escolar e familiar. A escola, como facilitadora desse processo, desempenha um papel vital na oferta de liberdade aos alunos para tomar decisões responsáveis e assumir responsabilidades.

A comunicação entre pais e alunos é essencial, e a escola deve promover diálogos construtivos, oferecer suporte educacional e envolver os pais na jornada de aprendizado de seus filhos. Elaborar alguns programas que orientem, reuniões regulares e workshops contribui para a formação de estudantes capazes de tomar decisões assertivas, construindo habilidades essenciais para o futuro.

A interação familiar é um pilar na construção da responsabilidade e autoconfiança nas crianças. Estabelecer um ambiente familiar saudável é crucial, onde os pais desempenham um papel fundamental ao incentivar a comunicação aberta e o compartilhamento de sentimentos.

Estimular o diálogo aberto, promover a busca de soluções próprias e encorajar a responsabilidade pelas ações são práticas valiosas. Criar um ambiente onde pais e filhos se sintam à vontade para compartilhar experiências é vital para o desenvolvimento dessas relações.

#Desenvolvimento social na infância e adolescência

O desenvolvimento social de crianças e adolescentes é um processo complexo que se estende desde a infância até a vida adulta. Adquirir habilidades sociais, lidar com emoções, cooperar, compartilhar, tomar decisões sociais e comunicar-se são aspectos fundamentais desse processo.

Por isso, a escola desempenha um papel crucial. A promoção de eventos familiares, cursos sobre técnicas de comunicação eficazes e sessões de orientação para pais e filhos são estratégias que fortalecem os laços familiares e contribuem para o desenvolvimento social dos jovens.

Quando incorporam essas práticas na educação família-escola, pais e educadores estão moldando não apenas estudantes responsáveis, mas também indivíduos capacitados para enfrentar desafios sociais e alcançar o sucesso na vida. Cada decisão, cada responsabilidade assumida, é um pequeno passo na construção de um futuro sólido e promissor para a próxima geração.

O convívio social da educação em família revela-se uma trama essencial para o crescimento saudável de crianças e adolescentes. O desenvolvimento social engloba a aquisição de habilidades fundamentais, como cooperação, empatia, comunicação e resolução de problemas. Neste capítulo, desbravaremos a importância da interação família-escola na formação dessas habilidades cruciais.

A colaboração entre educadores e pais torna-se uma ponte para a aquisição de competências sociais. Por meio de estratégias conjuntas, ensinamos as jovens mentes a lidarem com situações sociais, a expressar suas emoções adequadamente e a cooperar com outros. Conflitos e desafios sociais são abordados, proporcionando a crianças e adolescentes as ferramentas para uma comunicação eficaz e resolução de problemas.

O desenvolvimento social não é apenas um passaporte para a adaptação ao mundo social, mas também um guia para relacionamentos saudáveis. Os pais conseguem moldar esse caminho desde cedo, proporcionando oportunidades para socialização e incentivando a prática de habilidades sociais cruciais. Por criar uma base sólida, capacitamos as gerações futuras a alcançarem o sucesso nas relações interpessoais.

A escola se ergue como um ambiente crucial para o desenvolvimento social e emocional dos jovens. A instituição educacional oferece uma gama de experiências interpessoais, promovendo habilidades indispensáveis, como cooperação, comunicação e empatia. A escola desempenha um papel essencial não apenas como um centro de aprendizado acadêmico, mas também como um refúgio seguro e um catalisador para o desenvolvimento social e emocional dos estudantes. Este ambiente educacional proporciona um espaço onde os jovens não só adquirem conhecimentos, mas também exploram e desenvolvem suas habilidades sociais e emocionais.

Em meio às exigências do currículo, a escola oferece oportunidades valiosas para os alunos interagirem, colaborarem e aprenderem a resolver conflitos de maneira construtiva. Essas interações não apenas fortalecem as habilidades de comunicação e trabalho em equipe, mas também ajudam os estudantes a cultivarem empatia e compreensão em relação aos outros.

Além disso, a escola atua como um refúgio seguro para muitos jovens, proporcionando um ambiente estável e acolhedor onde eles podem se sentir protegidos e apoiados. Isso é especialmente crucial em um mundo onde desafios emocionais e sociais podem surgir de várias formas. Professores e funcionários desempenham um papel vital ao oferecer suporte emocional e orientação, criando um ambiente propício para o crescimento pessoal e acadêmico dos alunos.

Dessa forma, a escola não apenas educa intelectualmente, mas também nutre o desenvolvimento integral dos indivíduos, preparando-os para enfrentar os desafios da vida adulta com confiança e resiliência.

A escola não apenas proporciona experiências sociais enriquecedoras, mas também desempenha um papel fundamental como um ambiente estável e acolhedor. Criar um espaço positivo e estimulante é essencial para promover o desenvolvimento das habilidades sociais e emocionais dos jovens. Por meio da organização de eventos familiares, cursos e programas, a escola fortalece os laços familiares, contribuindo significativamente para um ambiente educacional mais saudável e integrado.

Unir forças é a chave para impulsionar o desenvolvimento social e emocional das novas gerações. Pais e educadores podem trabalhar em conjunto para criar um ambiente de aceitação, onde crianças e adolescentes são encorajados a se expressar e a praticar habilidades sociais. Este capítulo explora as estratégias para estabelecer uma base sólida, em que a prática de socialização e a resolução de conflitos são fomentadas.

Limites apropriados e feedback constroem as estruturas necessárias para o florescimento social. Ao criar oportunidades para atividades sociais, os pais e educadores incentivam o crescimento de crianças e adolescentes. A comunicação aberta, o entendimento mútuo e o apoio são os pilares dessa parceria, criando um ambiente seguro e acolhedor.

Fomentando o Desenvolvimento das Habilidades Emocionais na Infância

O desenvolvimento emocional é uma jornada complexa que se estende desde os primeiros anos de vida até a adolescência. Durante esse período crucial, as crianças estão constantemente absorvendo e processando uma miríade de emoções, aprendendo a compreendê-las e a lidar com elas de maneira eficaz. Essa jornada é fundamental para a formação de uma base sólida para o bem-estar emocional ao longo da vida.

Todo esse processo é influenciado por uma variedade de fatores, tanto internos quanto externos. Fatores internos, como predisposições genéticas e temperamento individual, interagem com fatores externos, como o ambiente familiar, social e cultural, para moldar a maneira como uma criança percebe e responde às emoções.

Os pais desempenham um papel vital. Eles são os principais modelos e guias para as crianças, fornecendo o suporte e a orientação necessários para que elas desenvolvam habilidades emocionais saudáveis. Uma das maneiras mais eficazes de promover o desenvolvimento emocional na infância é por meio da criação de um ambiente familiar que valorize e valide as emoções das crianças. Começar cultivando uma atmosfera de abertura e aceitação, onde as crianças se sintam confortáveis para expressar uma ampla gama de emoções, desde alegria e felicidade até tristeza e raiva. Quando reconhecem e validam as emoções das crianças, os pais as ajudam a construir sua autoestima e autoconhecimento, permitindo-lhes desenvolver uma compreensão mais profunda de si mesmas e dos outros.

Além disso, os pais podem ensinar habilidades práticas de regulação emocional, como identificar e nomear emoções, respiração profunda e estratégias de resolução de conflitos. Ao fornecer ferramentas e estratégias para lidar com emoções intensas, os pais capacitam as crianças a enfrentarem os desafios emocionais da vida de maneira construtiva e saudável.

É importante ressaltar que o desenvolvimento emocional é um processo contínuo e gradual, que se estende ao longo de toda a infância e adolescência. Portanto, os pais devem estar presentes e engajados ao longo desse caminho, oferecendo apoio, orientação e amor incondicional enquanto suas crianças navegam pelas complexidades do mundo emocional. Ao investir no desenvolvimento emocional de seus filhos, os pais estão preparando o terreno para um futuro de bem-estar e resiliência emocional.

#Desenvolvimento cognitivo na infância: a jornada começa cedo

A fascinante jornada do desenvolvimento cognitivo inicia-se nos primórdios da vida, mesmo durante o período intrauterino. Ao longo dos primeiros anos, a criança tece as complexas habilidades cognitivas, abrangendo desde o raciocínio lógico até a solução de problemas, memória, percepção, atenção, linguagem e inteligência.

Não é uma trilha linear, mas sim um intricado caminho moldado por diversos fatores, como ambiente, experiências e características individuais da criança. Os pais e educadores, sendo influências cruciais, podem enriquecer esse percurso. É importante criar um ambiente estruturado, motivador e estimulante para catalisar o desenvolvimento cognitivo.

O aperfeiçoamento das habilidades cognitivas, norteadas por elementos como raciocínio lógico, solução de problemas e linguagem, é enriquecido por atividades que estimulam a mente da criança. Jogos de tabuleiro, brincadeiras e leitura revelam-se como ferramentas poderosas nessa empreitada. Os pais e educadores podem fornecer oportunidades para a prática dessas habilidades, promovendo dinâmicas diversificadas, brincadeiras interativas e conversas enriquecedoras para o crescimento intelectual.

Reconhecendo a não linearidade desse processo, é vital ajustar o ritmo de aprendizagem às necessidades individuais da criança. A influência do ambiente, das experiências e características individuais é intricadamente entrelaçada.

A colaboração entre família e escola é uma peça-chave na construção de um indivíduo saudável e bem-sucedido na sociedade. Ao desenvolvermos habilidades sociais, emocionais e cognitivas, forjamos um senso de responsabilidade, autoconfiança e autoestima. A interação entre eles podem ser um catalisador para o desenvolvimento de habilidades cruciais, proporcionando ganhos não apenas para os indivíduos, mas para toda a sociedade.

A cooperação entre família-escola não apenas enriquece habilidades cognitivas, mas também cria um terreno fértil para o crescimento social e emocional. Ao estabelecer uma conexão sólida entre casa e instituição de ensino, os pais tornam-se participantes ativos na vida acadêmica de seus filhos. O diálogo contínuo, a colaboração, práticas de avaliações conjuntas, discussões participativas e ações colaborativas podem promover o desenvolvimento holístico dos alunos.

A relação entre família e escola é vital para a construção de um indivíduo integral na sociedade. A educação, quando coadunada entre família e escola, promove o desenvolvimento emocional, intelectual, social, espiritual e moral.

A família proporciona um ambiente seguro e acolhedor, enquanto a escola oferece o ensino formal e a visão do mundo ao redor. A interação entre ambas se torna uma alavanca crucial para a formação de indivíduos saudáveis na sociedade. A participação ativa dos pais na vida escolar e a colaboração constante para promover o desenvolvimento pessoal e social dos alunos é de grande impacto para o desenvolvimento saudável da criança e do adolescente.

#Construindo o futuro por meio da cooperação família-escola

A interação contínua entre família e escola é a argamassa que constrói o indivíduo do futuro. O diálogo e a cooperação se tornam a chave para desbloquear o potencial máximo de crianças e adolescentes. Este capítulo destaca a necessidade de promover ações conjuntas, discussões participativas e práticas colaborativas para incentivar o desenvolvimento integral dos alunos.

A construção de pontes entre família e escola não apenas enriquece as habilidades cognitivas dos alunos, mas também cria um ambiente onde o crescimento social e emocional é nutrido. Se olharmos para o horizonte, percebemos que a cooperação contínua entre família e escola é um investimento valioso no futuro.

É essencial promover um contato harmonioso entre família e escola para contribuir com o desenvolvimento integral do indivíduo. A colaboração entre essas duas entidades é fundamental para o sucesso educacional, sendo crucial para o aprimoramento das habilidades e competências essenciais ao bem-estar dos alunos.

Na perspicaz visão, propõe-se que a educação seja construída em conjunto, um enlace entre família e escola que molda o futuro da sociedade. Nessa sinergia, o diálogo contínuo e o espírito de parceria são a fórmula para um plano bem-sucedido, gerando uma harmonia que promove uma visão ampla do mundo e estabelece padrões de comportamento e valores.

A relação entre família e escola é a essência que impulsiona a evolução na sociedade. A proposta de criar um ambiente educacional saudável, no qual os pais e professores se tornam maestros colaborativos, estimulando o desenvolvimento integral do aluno, é importante para torná-lo consciente e iniciar a transferência de responsabilidade por seu próprio crescimento. A busca pelo conhecimento e o desenvolvimento de habilidades são os motivos melódicos que unem família e escola. A comunicação efetiva, a criação de um ambiente de apoio e a participação ativa dos pais nas atividades escolares são acordes que ressoam na promoção de uma educação positiva.

Assim, alguns estudiosos acreditam que a relação entre família e escola era a base para o desenvolvimento cognitivo da criança. A união das bases educadoras proporciona os alicerces, enquanto a escola fornece o conhecimento necessário para a construção do edifício do desenvolvimento cognitivo.

A interação entre família e escola é o elemento catalisador para o florescimento da capacidade cognitiva. Estabelecer limites saudáveis, estimular habilidades sociais e promover a cooperação são as notas que compõem a harmonia necessária para o crescimento sadio da criança.

Portanto, como protagonistas educacionais, famílias e escolas são chamadas a desempenhar seus papéis com maestria. A realização de atividades conjuntas, o compartilhamento de informações e a organização de eventos educativos são as melodias que ecoam na construção de um futuro brilhante para nossos aprendizes.

Na jornada educacional, as palavras sábias de Luzuriaga, e Piaget convergem, formando uma narrativa harmônica que ressoa nos corações e mentes daqueles comprometidos com a construção de um ambiente educacional que verdadeiramente nutre o potencial de cada indivíduo.

#Educação transformadora: a aliança necessária entre família e escola

Na jornada da construção do indivíduo na sociedade, não é sempre possível criar uma boa relação entre família e escola. Diversos fatores contribuem para essa desarmonia, relegando muitos ao acesso desigual a oportunidades educacionais.

As notas dessa desigualdade são muitas. As famílias de maior renda parecem possuir um acesso privilegiado à educação de qualidade, enquanto as famílias menos favorecidas enfrentam barreiras, privadas de recursos essenciais para o desenvolvimento escolar de seus filhos. A desigualdade perpetua-se quando as escolas, por sua vez, enfrentam limitações de recursos para proporcionar um ensino de qualidade, privando alunos de famílias menos abastadas de oportunidades cruciais.

Outro problema da educação é a falta de comunicação entre famílias e escolas. As decisões escolares e metas de aprendizagem dos alunos muitas vezes ocorrem em um vácuo, sem o envolvimento ativo das famílias. A falta de acesso à tecnologia e informações vitais também atua como um véu, impedindo as famílias de contribuírem plenamente para o desenvolvimento educacional de seus filhos.

No entanto, como podemos reescrever essa comunicação e convivência para criar um relacionamento mais justo e equitativo? A resposta começa por aumentar o acesso à educação de qualidade para todos os alunos, independentemente de sua renda familiar. Esse é um chamado para investir em escolas e programas que ofereçam recursos, ensino de qualidade e apoio integral aos alunos.

Um trabalho em equipe exige uma maior sintonia entre famílias e escolas. O estímulo à comunicação ativa, em que os pais compreendem profundamente o processo de ensino e aprendizagem de seus filhos, torna-se uma nota crucial na busca por uma educação mais inclusiva. O acesso à tecnologia e a informações de qualidade é a melodia que amplifica as oportunidades de desenvolvimento dos alunos.

A regência dessas mudanças também se estende às políticas públicas. Programas educacionais que transcendem as barreiras econômicas, investindo em recursos, ensino de qualidade e apoio, são essenciais. A comunicação entre famílias e escolas deve ser incentivada e cultivada como um jardim onde cresce o entendimento mútuo.

E novamente exaltamos a importância dos projetos integradores. Essas iniciativas não são apenas pedagogicamente valiosas, são pontes que conectam família, escola e comunidade. Projetos interdisciplinares não só contribuem para o desenvolvimento de habilidades sociais, mas também promovem uma integração vital entre pais e filhos.

A participação ativa dos pais em atividades escolares, incentivada pelos projetos integradores, fortalece os laços familiares e contribui para o desenvolvimento de um senso de responsabilidade nos jovens. Aqui, a escola não é mais uma entidade separada, mas sim um catalisador para uma parceria educacional eficaz.

Implementar tais projetos não é apenas uma melhoria acadêmica, mas uma transformação palpável na relação entre família e escola, uma abordagem equilibrada que envolve todos os participantes na construção do caminho para um ambiente educacional mais inclusivo e compreensivo.

Unidas por essa aliança, famílias e escolas tornam-se arquitetos de um mundo educacional onde cada nota ressoa com a promessa de um futuro mais brilhante. Em uma educação transformadora, é a união desses esforços que traz a chave da verdadeira evolução social, harmonizando cada compasso para um crescimento coletivo.

15

REFLEXÕES SOBRE O PARADIGMA DE INDUSTRIALIZAÇÃO NA EDUCAÇÃO

A Revolução Industrial, que teve seu marco inicial na Inglaterra no século XVIII, desencadeou transformações profundas nas exigências do mercado de trabalho, promovendo a necessidade de um novo sistema educacional. Este contexto propiciou o surgimento da chamada educação 2.0, caracterizada por modelos teóricos que, de maneira análoga à produção industrial, adotavam métodos mecânicos e repetitivos.

Essa abordagem, centrada no professor e com o aluno em papel passivo, remete à concepção de "educação bancária" proposta por Paulo Freire. Sob essa perspectiva, a educação era considerada um fim em si mesma, perpetuando uma dinâmica reminiscente das revoluções industriais anteriores, focadas na indústria mecânica.

Contudo, o cenário evoluiu consideravelmente com a Terceira Revolução Industrial, após a Segunda Guerra Mundial, que não se limitou apenas a transformações industriais, mas incorporou a interação entre ciência e produção, conhecida como Revolução Tecnocientífica. Inovações como computadores, robôs, celulares, chips e softwares marcaram esse período de renovação, alterando drasticamente o panorama econômico global.

A década de 1990 testemunhou a introdução de novas mídias na educação, como computadores e painéis digitais, inaugurando uma relação inovadora entre o aluno e a informação.

Brown advoga que a informação é um recurso coletivo, e as tecnologias digitais têm o potencial de fomentar formas inéditas de colaboração e criatividade. Contrapondo-se à ênfase na produção, ele destaca que a nova economia se fundamenta na inovação. A disseminação da informação digital, segundo Brown, propicia novas perspectivas para a educação, criatividade e inovação, permitindo à sociedade adaptar-se ágil e eficientemente às rápidas mudanças do mundo contemporâneo.

A informação digital redefine o processo de aprendizagem, possibilitando uma educação contínua e dinâmica, que transcende a estrutura disciplinar tradicional. Ele enfatiza que as instituições de ensino podem oferecer uma educação mais relevante por meio da disponibilidade de informações atualizadas e diversificadas. Além disso, as novas tecnologias, na visão do autor, proporcionam experiências de aprendizagem mais significativas, contribuindo para a transição da educação de origem familiar para aquela fornecida pelas instituições educacionais.

Em um mundo marcado pelo avanço acelerado da tecnologia, visionários educadores destacam-se por suas visões transformadoras sobre a relação entre inovação tecnológica, educação e economia. Entre esses defensores, Don Tapscott (1998) surge como uma voz influente, autor do best-seller *Growing Up Digital: The Rise of the Net Generation* e explorador incansável do potencial das tecnologias digitais.

Tapscott não apenas enfatiza a importância dos avanços tecnológicos para a educação, mas também propõe uma perspectiva mais abrangente sobre seu impacto na economia global. Para ele, as novas tecnologias não apenas facilitam a interação e o aprendizado, mas abrem portas para a criação de uma economia mais inclusiva. O autor destaca a relevância de utilizar a tecnologia para promover responsabilidade e criatividade, transformando os aprendizes em criadores de conteúdo, não apenas consumidores passivos.

Edward E. Gordon (1996), por sua vez, se destaca como um especialista na interface entre a Terceira Revolução Industrial e a educação. Autor de mais de 20 livros, Gordon defende que as mudanças trazidas por essa revolução possibilitaram o acesso à educação por indivíduos de diversas origens sociais e culturais. Sua visão direciona a educação para a exploração de novas técnicas e estratégias de aprendizagem, promovendo conteúdos mais aprofundados e relevantes para o mundo contemporâneo. Para Gordon, essa abordagem é crucial para a transição da responsabilidade educacional das famílias para as instituições de ensino.

David Thornburg (2001), autor e palestrante norte-americano, é um dos pioneiros na integração da tecnologia em sala de aula. Reconhecido por seu trabalho "The New Global Frontier", ele defende a aplicação da tecnologia na educação e, também, a utiliza como ferramenta pedagógica desde os primórdios, tendo criado o primeiro curso de robótica educacional em 1984.

Esses educadores, cada um em sua expertise, convergem na crença de que a tecnologia é uma aliada poderosa para transformar a educação em uma experiência mais envolvente, colaborativa e relevante para o mundo em constante evolução. Suas ideias iluminam o caminho para uma educação que transcende as barreiras tradicionais, capacitando os aprendizes a navegarem no oceano dinâmico da informação e do conhecimento.

No cenário contemporâneo, a convergência das novas mídias, como computadores e quadros digitais, com a educação tem se revelado uma poderosa ferramenta de transformação. Defensores desse movimento ressaltam a necessidade premente de redefinir a relação entre aluno e informação. A tecnologia não é apenas uma facilitadora, mas um catalisador para um ambiente de aprendizado mais colaborativo, interativo e inovador.

A importância dessa revolução educacional não é apenas estética, é um imperativo diante do progresso científico e tecnológico que molda nosso mundo. Em análise, distinguimos educação e ensino, enfatizando que a primeira abrange o desenvolvimento integral do ser humano, enquanto o segundo se concentra na transmissão de conhecimento. Contudo, a visão predominante, muitas vezes, limita-se a parâmetros estatísticos do ensino, negligenciando a amplitude da educação.

Surpreendentemente, a industrialização da educação não é uma novidade, remontada em 1798, quando o filósofo Immanuel Kant já propunha uma abordagem industrial na produção e transmissão do conhecimento. Kant destacava a autonomia do sábio em obedecer à razão e seguir normas internas e independentes. Assim, a semente da industrialização educacional foi plantada séculos atrás.

Logo, para identificar os traços dessa industrialização, devemos utilizar indicadores como tecnologização, racionalização e ideologização. A tecnologização refere-se à influência de dispositivos técnicos na comunicação e na constituição histórica das instituições educacionais modernas. A racionalização busca a máxima eficiência na produção do conhecimento, enquanto a ideologização reconhece a influência ideológica e cultural em práticas educacionais.

O avanço tecnológico atual, cada vez mais entrelaçado com a educação, destaca a necessidade de usar tais indicadores para avaliar quão próximos ou distantes estamos do modelo ideal. O espectro da industrialização educacional, há muito identificado por Kant, ganha uma nova dimensão na era digital, em que a presença da tecnologia redefine as fronteiras do aprendizado, exigindo uma análise crítica e atenta aos indicadores que moldam o futuro da educação.

#A escola de massa: um olhar crítico sobre o modelo educacional atual

Em meio à era da tecnologia, a escola contemporânea se vê imersa em um cenário onde os alunos estão constantemente conectados a computadores, celulares e dispositivos eletrônicos. Vivenciamos uma geração que se adapta naturalmente à informação instantânea, acessível com um simples toque na palma da mão. Diante disso, surge a indagação: qual o papel dos professores nesse ambiente no qual o conhecimento está ao alcance imediato?

Rui Canário (2018) professor da Universidade de Lisboa, destaca a dicotomia entre o intenso desenvolvimento tecnológico e a correspondente imaturidade política e social. Ele argumenta que, embora tenhamos alcançado domínio em diversas áreas do conhecimento, falhamos em desenvolver mecanismos ideológicos para lidar com as mudanças aceleradas. Canário ressalta que isso reflete no modelo escolar atual, que, até a década de 1950, era centrado na reflexão, no pensamento crítico e na análise, porém era elitista e voltado para a formação de lideranças.

A chegada da industrialização no Brasil, entre 1930 e 1955, deu origem à chamada "escola de massa". Diante da necessidade de expandir a mão de obra para atender às demandas industriais, o modelo educacional foi moldado à semelhança da indústria. Nesse contexto, a escola é descrita como uma fábrica, produzindo mão de obra de maneira rápida e fragmentada, como em uma linha de montagem. A segmentação do conhecimento gera desconexão, resultando em uma educação seriada, tratando os alunos como produtos em diferentes "séries" e as disciplinas como fragmentos isolados.

A visão crítica da escola moderna compara-a a um reformatório ou até mesmo a uma prisão. Disciplinas, grade curricular e avaliações são elementos desse sistema que, segundo alguns críticos, tendem a promover passividade, desencorajando o questionamento e o pensamento crítico. O uso de termos como "prova" sugere uma abordagem punitiva, em que se decide quem será "aprovado" ou não.

Essa visão crítica ressalta a necessidade de repensar os paradigmas educacionais, buscando criar ambientes escolares mais inclusivos, estimulantes e centrados no desenvolvimento integral dos estudantes. Uma abordagem que valorize não apenas o desempenho acadêmico, mas também o desenvolvimento de habilidades sociais, emocionais e criativas pode contribuir significativamente para um sistema educacional mais justo e capacitador.

Ao repensar o conceito de escola, percebo que sua estrutura arquitetônica contemporânea levanta questionamentos profundos sobre seu propósito e eficácia educacional. As pequenas salas isoladas, os corredores extensos, os pátios vigiados por grades e os portões imponentes são elementos que frequentemente fazem a escola se assemelhar mais a uma prisão do que a um ambiente educativo acolhedor e inspirador. Essa configuração física muitas vezes fragmenta a ideia de unidade e participação, dificultando a criação de um senso de comunidade verdadeiramente inclusivo.

A ideia de que a escola oferece um refúgio seguro para as crianças é desafiada pela realidade de que, em alguns casos, pode se tornar um espaço hostil, onde os estudantes se sentem reprimidos ou limitados. A imposição de uma estrutura disciplinar rígida, com suas normas e hierarquias, pode criar um ambiente que não favorece o florescimento do pensamento crítico e da criatividade, aspectos essenciais para o desenvolvimento integral dos jovens.

Repensar a arquitetura escolar não se trata apenas de uma questão estética, mas de criar ambientes que verdadeiramente incentivem a aprendizagem colaborativa, a autonomia dos estudantes e a exploração criativa. Um ambiente educativo ideal deveria ser um espaço onde cada indivíduo se sinta seguro para expressar suas ideias, explorar seus interesses e participar ativamente de uma comunidade de aprendizagem vibrante e inclusiva.

A crescente extensão do tempo escolar diário, com a implementação de escolas de tempo integral, acrescenta outro elemento ao debate. Se a escola permanece isolada, desunida e centrada na disciplina, com uma hierarquia desproporcional, em que os alunos são esperados a respeitar os professores sem reciprocidade, como podemos esperar que os alunos absorvam lições essenciais sobre ética e cidadania?

Atualmente, a escola perdeu a noção de conexão com o mundo exterior, deixando de frequentar lugares como museus e parques. A escola tornou-se uma linha de montagem, fragmentando o conhecimento em disciplinas e criando uma desconexão entre o que é ensinado e a aplicação prática na vida real. A rigidez da grade curricular, a ausência de questionamento e pensamento crítico e a falta de exposição ao mundo fora dos muros escolares contribuem para um ambiente que mais se assemelha a um reformatório do que a um local de aprendizado.

O idealismo platônico influencia a produção de conhecimento, evidenciando a valorização do abstrato em detrimento da experiência concreta. A ênfase na verbalização e na representação, aliada à falta de integração com a comunidade, culmina em um modelo educacional que produz cidadãos que podem ter conhecimento, mas carecem de compreensão profunda e aplicação prática.

Temos, então, a importância de uma educação que vá além do discurso racional linear. Para compreender questões ambientais, é necessário ir além do simples ato de recusar o uso de canudos, buscando uma compreensão holística das interconexões na sociedade. A falta de compreensão do todo resulta em discursos vazios, incapazes de incutir uma mudança de mentalidade nas crianças, que continuam a enxergar-se como seres isolados.

Assim, a reflexão crítica sobre o modelo educacional atual destaca a necessidade urgente de reimaginar a escola como um espaço integrado, participativo e conectado à realidade, proporcionando uma educação que transcenda a mera acumulação de informações e promova uma compreensão profunda e significativa do mundo.

A reflexão ética vai além da adesão a princípios morais, trata-se de compreender que cada ação desencadeia consequências infinitas que, inevitavelmente, retornarão ao indivíduo. Na escola, muitas vezes comparada a uma linha de produção, o conceito de alienação torna-se crucial. A alienação ocorre quando o conhecimento é desvinculado do processo de vida, resultando em uma desconexão entre o que é aprendido e a realidade circundante.

A metodologia adotada nas escolas, com foco em currículos rígidos e fragmentados, levanta a questão de como os alunos podem atravessar a escola sem serem limitados por essas estruturas. Ficar preso à cadeira por horas contradiz a natureza dinâmica e exploratória das crianças. O corpo é tratado como se fosse militar, separando-o da vida social e criando uma persona afastada dos fluxos da sociedade.

O desafio vai além das políticas governamentais, é uma questão de mudança de mentalidade e superação da visão de eterna juventude. A escola pode ser um local para cultivar essa transformação, promovendo a capacidade de lidar com derrotas e contradições. O conceito de sucesso deve ser redefinido, enfatizando o compartilhamento de alegrias e quebrando a segregação para viver em conjunto.

A escola, com suas diversas disciplinas e horários definidos, reflete a necessidade de dividir para ensinar. No entanto, fora da escola, enfrentamos desafios que demandam abordagens simultâneas. A fragmentação do conhecimento na escola pode resultar em uma falta de preparo para lidar com os problemas reais.

A compreensão parcial adquirida na educação se manifesta na percepção, na visão e no estilo de vida. Atualmente a crise mundial do aquecimento global evidencia a importância de compreender a totalidade e transcender as visões fragmentadas. A questão ambiental trouxe consigo a dimensão planetária, desafiando a ideia de indivíduos como fragmentos isolados e promovendo uma reflexão essencial sobre nosso papel no mundo.

A atualidade nos confronta com desafios complexos, em que a violência e o terrorismo ganharam novas dimensões. Ao contrário das disputas territoriais do passado, o terrorismo é onipresente, gerando uma sensação de insegurança generalizada e falta de território. Esse cenário de instabilidade desafia nossa capacidade de agir, tornando a solução para problemas cada vez mais difícil e universal.

A crise ambiental, representada pelo aquecimento global, destaca-se como uma encruzilhada fascinante, exigindo ação imediata. No entanto, a fragmentação do pensamento e a passividade impedem a tomada de medidas eficazes. Embora a internet tenha democratizado o pensamento, a escola enfrenta uma crise ao lidar com essa mudança, revelando nossa incapacidade de agir de maneira proativa.

Originalmente concebida como uma linha de montagem, a escola orienta-se para a preparação para o mercado, mas negligencia a formação de indivíduos aptos a lidar com os desafios da vida. A falta de preparo para o mercado e a crise de liderança são evidentes, refletindo a imaturidade social. É preciso abordar a preparação técnica, além de aspectos éticos, afetivos e a capacidade de enfrentar desafios individuais.

A depressão existencial, muitas vezes ignorada no ambiente educacional, destaca a falta de abordagem sobre temas fundamentais da vida, como a morte, a alegria, a perda e a existência. A aversão ao pensamento profundo e reflexivo, a busca por respostas prontas e a falta de habilidades de interação sensorial afastam-nos da noção de solidão e da capacidade de existirmos como indivíduos.

A mudança na escola não deve ser apenas física, mas também conceitual. É essencial que a escola se torne um espaço que não apenas ensina conteúdos acadêmicos, mas que também inspire os alunos a observar o mundo ao seu redor, a escutar diferentes perspectivas e a refletir profundamente sobre suas experiências e aprendizados. Reconhecer que o pensamento desorganizado pode desviar os indivíduos da verdadeira essência da existência é fundamental.

Portanto, a escola deve promover não apenas o desenvolvimento intelectual, mas também o crescimento emocional e espiritual dos alunos, preparando-os não apenas para o sucesso acadêmico, mas também para uma vida significativa e satisfatória. Neste contexto, a escola se torna não apenas um espaço de aprendizagem, mas um lugar onde os jovens são incentivados a explorar suas paixões, a desenvolver empatia e a compreender o impacto de suas ações no mundo. Essa abordagem não só prepara os alunos para desafios futuros, mas também os capacita a se tornarem cidadãos conscientes e capazes de contribuir de maneira positiva para a sociedade e para o mundo ao seu redor.

O desafio educacional atual envolve a quantidade e a qualidade do conhecimento. A escola tem a oportunidade de ensinar a aprender, invertendo a lógica tradicional. O professor não deve ser visto apenas como um detentor do conhecimento, mas como um facilitador do aprendizado. A transformação digital exige uma abordagem mais dinâmica e colaborativa, em que tanto professores quanto alunos estejam engajados no processo de aprendizagem contínua.

Assim, a transição de mestres para educadores destaca a necessidade de um novo paradigma educacional. Mais do que fornecer conteúdo, os educadores devem ser especialistas em afeto, intérpretes dos sonhos dos alunos, estimulando a aprendizagem e a curiosidade. O foco deve ser na semente do pensamento – o sonho – para cultivar uma geração capaz de enfrentar os desafios complexos do mundo contemporâneo.

#A natureza provisória do conhecimento e a necessidade de uma educação democrática

A era da informação e a ascensão da internet desafiam a estabilidade do conhecimento. O entendimento de que todo conhecimento é provisório sugere que nada é definitivo, uma vez que novas descobertas podem superar ou refutar o que foi anteriormente aceito como verdade. A internet, ao desmantelar o campo do conhecimento, destaca a necessidade de líderes de pensamento que sejam curiosos, criativos, inquisitivos e sempre dispostos a questionar. Acumular informação, por si só, não é suficiente; a verdadeira reflexão e o aprendizado ocorrem quando há espaço para o vazio, a não sabedoria.

Nesse contexto, a escola desempenha um papel crucial por instruir os alunos a cultivarem o hábito de aprender, desenvolver a capacidade de reflexão e criar um ambiente democrático. Freire já enfatizava a importância de tratar os professores com deferência, respeitar os estudantes e ouvir e honrar os funcionários. No entanto, a questão central reside na formação de um ambiente escolar democrático, ético, reflexivo e discernido. Sem esses elementos, a busca pelo conhecimento torna-se limitada.

A crítica à educação é que, por muitas vezes, ela é excessivamente teórica. Porém, é fundamental diferenciar a verdadeira teoria, que implica uma conexão com a realidade e uma análise crítica do existente, da simples retórica. A educação deve ser teórica no sentido de envolver constatação, invenção e investigação plena, em vez de ser prolixa, sonora e assistencialista. É responsabilidade da escola e da cidade formar uma cidade educativa, cidadãos interessados na educação de maneira abrangente são cruciais para construir uma comunidade e indivíduos verdadeiramente educados e engajados.

#Labirintos da educação familiar contemporânea

Nos meandros da vida contemporânea, os pais encontram-se em um dilema profundo, envolvidos em uma dança delicada entre a culpa e o desejo de criar lares harmoniosos para suas proles. Este é um tempo marcado por mudanças vertiginosas, em que o próprio conceito de família se metamorfoseia diante de nossos olhos. Já não mais se restringe à imagem tradicional de progenitores unidos pelo matrimônio e seus descendentes, mas expande-se para abraçar uma multiplicidade de arranjos, com suas complexidades únicas.

Em tempos pretéritos, a autoridade paterna era erguida como uma torre inabalável, permeada por rigidez e pouca margem para a voz infantil. Contudo, o vento da mudança soprou com força, trazendo consigo questionamentos sobre esse modelo enrijecido. Gradualmente, o autoritarismo cedeu lugar a um terreno mais fértil para o diálogo, impulsionado por uma revisão crítica das práticas educacionais e dos fundamentos psicológicos.

Entretanto, como toda transição, esta não ocorreu sem seus desafios. O receio de repetir os padrões do passado transformou-se em uma espécie de fardo emocional, levando muitos pais a hesitarem na imposição de limites. O resultado foi uma espécie de democratização da autoridade familiar, em que a voz das crianças ganhou maior ressonância. No entanto, na busca por equilíbrio, alguns navegaram rumo ao extremo oposto, afrouxando demais as rédeas da disciplina.

Com tantas incertezas e ambivalências, os filhos tornaram-se os astros principais do espetáculo familiar, enquanto os pais orbitam ao redor de seus desejos e necessidades. O remorso pela ausência, seja por compromissos profissionais ou separações, o anseio incessante pela felicidade dos pequenos e a superproteção são apenas algumas das peças desse intricado quebra-cabeça.

Porém, entre o autoritarismo inflexível e a permissividade excessiva, ergue-se a figura imponente da disciplina amorosa e firme. É nesse ponto de equilíbrio que reside a essência da educação familiar, uma jornada que demanda coragem para impor limites e sabedoria para ouvir o clamor das crianças. Pois, afinal, é na construção do respeito mútuo que se forja o verdadeiro lar, onde pais e filhos caminham juntos, nutrindo-se mutuamente de amor e compreensão.

No conceito de "infantocracia", discutido pelo renomado professor e psiquiatra infantil francês Serge Tisseron (2010), em sua obra *As dificuldades de crescer: como as crianças lidam com a insegurança*, lança luz sobre uma tendência social complexa. Nessa dinâmica, as crianças são o foco, enquanto os adultos, impulsionados por uma miríade de emoções como culpa, necessidade de compensação e superproteção, orbitam ao redor delas. O resultado é a construção de personalidades problemáticas, pois certas lições cruciais permanecem por aprender. Tisseron argumenta que esse sistema acarreta danos mais graves do que o autoritarismo, uma vez que falha em fomentar a empatia e a compreensão pelo próximo.

A ascensão da "infantocracia" enraíza-se na crescente preocupação dos adultos em garantir o desenvolvimento saudável das crianças, uma missão inegavelmente legítima. No entanto, os efeitos colaterais dessa abordagem podem ser adversos. Por receberem uma atenção desproporcional e excessiva, as crianças correm o risco de negligenciar a aprendizagem de habilidades fundamentais, como a percepção do outro, culminando em dificuldades de forjar relações saudáveis e resilientes. Além disso, a dependência exacerbada dos adultos pode tolher o florescer da autonomia infantil, um elemento crucial para o amadurecimento e a preparação para os desafios futuros.

Por outro lado, a teoria de que as crianças não devem ser confrontadas com o "não" remonta às descobertas do proeminente psicólogo norte-americano John B. Watson, em 1913. Ele se mostrou favorável ao "condicionamento positivo", preconizando o uso de reforços positivos e elogios para moldar o comportamento infantil. Embora não tenha sido o pioneiro dessa ideia, suas teorias tiveram um impacto profundo na forma como as crianças são educadas até os dias atuais.

As respostas comportamentais são aprendidas por meio da associação entre estímulos e reações. Esses estímulos podem ser tanto positivos quanto negativos, resultando em comportamentos distintos. Por exemplo, o elogio por um comportamento desejável tende a reforçá-lo, enquanto o confronto com o "não" pode desencorajar a repetição da ação. Assim, Watson defendia que, para promover comportamentos positivos, o reforço positivo era preferível às punições ou negativas.

Essas duas perspectivas, embora distintas, lançam luz sobre o delicado equilíbrio necessário na educação e no desenvolvimento infantil, ressaltando a importância de uma abordagem que reconheça a singularidade de cada criança, ao mesmo tempo, em que estabelece limites claros e promove um ambiente propício ao crescimento saudável e à autonomia.

#O papel vital do "não" na educação infantil

Na complexa tapeçaria da educação infantil, o papel do "não" se torna um fio condutor essencial para o desenvolvimento saudável das crianças. Contudo, deturpações desse conceito alimentam uma cultura de abstenção por parte dos pais de impor limites adequados, levando a questionamentos e debates sobre seu verdadeiro impacto.

Logo, entendemos o "não" como facilitador da tomada de decisão, pois estudos recentes revelam que ouvir um "não" pode desempenhar um papel crucial no desenvolvimento das habilidades de tomada de decisão das crianças. Isso porque, ao serem confrontadas com a negativa, as crianças aprendem a estabelecer limites para si mesmas, promovendo a autorregulação e a avaliação mais consciente das consequências de suas ações.

- **Aprendendo a lidar com a frustração**: a Neurociência respalda a importância de cultivar um "repertório de frustração" desde a infância. Isso implica não apenas reconhecer e processar as emoções associadas à frustração, mas também desenvolver estratégias racionais para lidar com ela. Esse repertório neurocognitivo é fundamental para fortalecer a saúde mental e emocional das crianças, capacitando-as a enfrentar os desafios do dia a dia com resiliência e equilíbrio emocional.

- **Impacto positivo do "não" na formação de habilidades sociais:** pesquisas corroboram que ouvir um "não" com frequência está correlacionado a um melhor desenvolvimento de habilidades sociais, como cooperação e compreensão do ponto de vista alheio. Esse processo de aprendizado, embora possa provocar inicialmente sentimentos de decepção e desconforto, é fundamental para o amadurecimento emocional e a construção de relacionamentos saudáveis no futuro.

Entendemos, então, que reconhecer e aplicar adequadamente o "não" na educação infantil não é apenas uma questão de imposição de limites, mas sim um componente fundamental para o desenvolvimento integral das crianças. É por meio desse delicado equilíbrio entre negativas assertivas e apoio emocional que podemos cultivar uma geração mais resiliente, consciente e apta a enfrentar os desafios do mundo que as aguarda.

- **A importância dos neurotransmissores na regulação emocional infantil:** quando uma criança ou um adolescente se vê diante da frustração, seu corpo desencadeia uma complexa interação neuroquímica para lidar com as emoções e comportamentos associados a esse desafio. Os neurotransmissores desempenham um papel vital nesse processo, proporcionando uma base neurobiológica para a regulação emocional e o desenvolvimento saudável da criança.

- **Serotonina e dopamina na redução da ansiedade**: a serotonina e a dopamina são neurotransmissores que ajudam a reduzir o sentimento de ansiedade em situações frustrantes. Se equilibrarmos essas substâncias químicas, o cérebro da criança pode alcançar um estado de calma e felicidade, facilitando a capacidade de lidar produtivamente com as adversidades.
- **Adrenalina e a resposta de luta ou fuga**: por outro lado, a adrenalina é responsável pela resposta de luta ou fuga diante da frustração. Essa substância prepara o organismo da criança para reagir de forma rápida e eficaz às situações desafiadoras, desempenhando um papel crucial na sobrevivência e na adaptação.
- **Armazenamento de experiências passadas e desenvolvimento do repertório neurológico de frustração**: o cérebro da criança pode armazenar experiências passadas de frustração e utilizá-las como referência para lidar com situações semelhantes no futuro. Esse processo contribui para o desenvolvimento do repertório neurológico de frustração, capacitando a criança a enfrentar desafios emocionais com maior eficácia e resiliência.

Os pais desempenham um papel fundamental nesse processo de desenvolvimento emocional, proporcionando um ambiente propício para que seus filhos aprendam a lidar com as frustrações da vida. Ao estabelecer limites, dizer "não" e exercer autoridade de maneira equilibrada, os pais oferecem às crianças as ferramentas necessárias para cultivar uma saúde mental positiva e saudável. Essa preparação emocional é essencial para as crianças desenvolverem habilidades de enfrentamento e resiliência, fundamentais para o bem-estar ao longo da vida.

Fica evidente que a criação de limites e o estabelecimento de autoridade pelos pais não apenas não trazem prejuízos aos filhos, mas também são fundamentais para o desenvolvimento de uma personalidade equilibrada e adaptável. Em um mundo onde os desafios emocionais são inevitáveis, é imperativo que as crianças estejam preparadas para enfrentá-los com confiança e determinação.

16

A TRANSFERÊNCIA DA RESPONSABILIDADE NA EDUCAÇÃO NA PRIMEIRA INFÂNCIA E SUAS IMPLICAÇÕES

A transferência da responsabilidade da criação dos filhos na primeira infância é um tema complexo e controverso que suscita debates acalorados sobre maternidade, cuidados infantis e papéis parentais. Entretanto, é crucial compreender que esse processo de delegação de responsabilidades começa logo após o nascimento da criança e não se limita ao ambiente escolar, mas perpassa uma série de contextos e relações até alcançar as instituições de ensino.

Quando uma criança, nos primeiros anos de vida, é separada do convívio direto com seus pais e inserida em ambientes como creches, berçários ou cuidados de parentes, uma série de consequências significativas se desdobram. A transferência da responsabilidade da criação pode inicialmente parecer uma solução para aliviar a pressão sobre pais que trabalham, proporcionando cuidados alternativos para seus filhos. No entanto, os efeitos desse afastamento podem ser profundamente negativos, impactando o estabelecimento de vínculos emocionais sólidos entre pais e filhos, além de privar os pais de oportunidades valiosas de compreender e crescer com seus filhos.

À sombra da educação perdida

Apesar das vantagens e desvantagens desse arranjo, a transferência da responsabilidade na criação dos filhos na primeira infância é um assunto que merece ser abordado com atenção e sensibilidade. Os pais devem ponderar cuidadosamente todas as opções disponíveis e avaliar quais são as mais adequadas para suas famílias, considerando diversos fatores, como necessidade de trabalho, limitações financeiras, apoio familiar, disponibilidade de tempo e recursos, entre outros.

Diversos são os motivos que podem levar à transferência da responsabilidade na criação dos filhos na primeira infância, entre eles a necessidade de ambos os pais trabalharem para sustentar a família, restrições financeiras, ausência de apoio familiar ou de amigos próximos, falta de tempo para dedicar aos cuidados infantis e até mesmo preferências pessoais. A decisão de transferir essa responsabilidade pode ser influenciada por uma série de fatores, como a disponibilidade de cuidadores qualificados, distância da família, recursos disponíveis e muitos outros aspectos específicos de cada contexto familiar.

Fica evidente que a transferência da responsabilidade na criação dos filhos na primeira infância é um fenômeno multifacetado e complexo que demanda uma reflexão cuidadosa por parte dos pais e da sociedade como um todo. É essencial que se reconheça a importância de uma abordagem equilibrada, que considere tanto as necessidades práticas quanto as emocionais das crianças e de suas famílias, visando sempre ao bem-estar e ao desenvolvimento saudável dos pequenos.

Dados revelados por pesquisas realizadas pelo Instituto Datafolha e pela Fundação Getúlio Vargas fornecem um panorama esclarecedor sobre a realidade da delegação dos cuidados na primeira infância no Brasil. Aproximadamente 24% das crianças brasileiras de 0 a 5 anos são cuidadas por terceiros, com uma tendência mais acentuada entre famílias de maior instrução e renda. A necessidade de trabalho, a falta de tempo e a escassez de apoio familiar são apontados como os principais motivos para essa prática.

Apesar dos potenciais benefícios, como o alívio da pressão para pais que trabalham e a possibilidade de contar com cuidadores qualificados, os prejuízos desse processo são significativos e duradouros. A ausência de um vínculo emocional sólido entre pais e filhos pode afetar o desenvolvimento emocional e social das crianças, comprometendo suas habilidades interpessoais e seu comportamento futuro.

Devemos observar a importância de compreender os significados atribuídos pelas famílias a essa prática. Embora muitos pais enxerguem a delegação dos cuidados como uma solução prática, também reconhecem riscos e desvantagens associados a ela. A falta de presença dos pais pode privá-los de oportunidades essenciais de compreenderem e se desenvolverem com seus filhos, perdendo a chance de aprender com suas experiências e de desenvolver um vínculo afetivo.

Além disso, esse arranjo pode gerar sentimentos diversos nos pais, desde a aceitação pragmática até a culpa e preocupação. Mães em particular podem enfrentar dilemas emocionais complexos, sentindo-se culpadas por não passarem tempo suficiente com seus filhos ou por não conseguirem cuidar deles sozinhas. Esses sentimentos podem ser exacerbados pela pressão social e pela falta de apoio familiar.

As relações familiares desempenham um papel fundamental nos primeiros mil dias de vida de uma criança, esse período abrange desde a gestação, com aproximadamente 280 dias, até os dois primeiros anos de vida, totalizando mil dias. Durante essa fase crítica, ocorre o maior desenvolvimento mental, neurológico e imunológico do ser humano, o qual moldará sua existência ao longo da vida.

A partir da 30ª semana de gestação, o cérebro intrauterino já está ativo, em um processo de desenvolvimento progressivo e acelerado. Cerca de 65% da energia consumida pela criança nos primeiros mil dias é direcionada para essa expansão cerebral. Após o nascimento, o bebê já pode formar aproximadamente 2.500 sinapses, fundamentais para o desenvolvimento cerebral, uma vez que representam a interconexão entre os neurônios. Embora uma criança nasça com cerca de 100 bilhões de neurônios, na idade adulta, esse número reduz drasticamente para 20 bilhões, devido a um processo de "poda neural", no qual o cérebro elimina neurônios menos utilizados ou estimulados. Portanto, a estimulação durante a infância, por meio de interações, brincadeiras, diálogos e atividades musicais, é crucial para favorecer o desenvolvimento cerebral nessa fase inicial da vida.

Um estudo conduzido pelo pesquisador e professor de pediatria de Harvard, Charles Nelson, e mencionado em uma entrevista à *Revista ISTOÉ* (2013) relata sua pesquisa realizada em orfanatos na Romênia, no ano de 2000. O objetivo era investigar a influência do afeto no desenvolvimento das crianças. Nelson descreve a experiência de visitar esses orfanatos como aterrorizante, enfatizando a ausência de amor na vida das crianças. O cenário era desolador, com crianças sofrendo de síndromes graves, problemas mentais e até mesmo sendo amarradas à cama. Quando questionado sobre os motivos do desenvolvimento inadequado dessas crianças, Nelson menciona o que ele denomina de "nanismo psicossocial", um fenômeno onde o cérebro deixa de produzir os hormônios necessários para o crescimento devido à negligência. Cada mês de negligência resulta em um atraso no desenvolvimento físico, cognitivo e emocional, levando a problemas psiquiátricos e atrofia cerebral. Essas crianças enfrentam uma carência extrema de atenção e nutrição emocional.

Os primeiros dois anos de vida são muito importantes, pois uma das regras fundamentais que regem o cérebro é a sua dependência de experiências para um desenvolvimento saudável. O cérebro necessita dessas experiências para completar seu progresso, e qualquer deficiência nesse aspecto compromete seu avanço. Durante os primeiros anos, ocorre um rápido desenvolvimento cerebral que continua ao longo do tempo, sendo crucial que as experiências adequadas sejam priorizadas, uma vez que muitas habilidades fundamentais, como andar, falar e pensar, são estabelecidas na primeira infância. Negligenciar o cérebro nessa fase inicial é equivalente a privar um computador de instruções essenciais.

Estudos realizados destacaram que a atividade elétrica no cérebro é inferior em crianças que crescem em orfanatos. No entanto, quando essas crianças são transferidas para famílias saudáveis, a atividade cerebral retorna ao normal. Ressonâncias magnéticas realizadas em crianças entre 8 e 10 anos revelaram que aquelas que foram criadas em instituições apresentavam cérebros menores e com menos matéria cinzenta e branca. Embora a massa branca, responsável por transmitir correntes elétricas, pudesse aumentar se essas crianças fossem adotadas por famílias de acolhimento, a massa cinzenta não demonstrou melhora significativa, sugerindo a possibilidade de perda de células ou conexões entre elas, cujos efeitos podem ser permanentes.

É durante o nascimento que temos um grande número de células e conexões, e a seleção natural começa eliminando as menos úteis e fortalecendo as mais importantes. Esses efeitos são profundamente problemáticos, pois a perda de células provavelmente não pode ser revertida por tratamentos.

A conclusão inevitável é que experiências adversas nos primeiros anos de vida têm repercussões significativas no desenvolvimento das crianças. Durante o chamado "período crítico", o cérebro necessita de experiências apropriadas em momentos específicos para se desenvolver de maneira adequada. A ausência dessas oportunidades resulta em atrasos no desenvolvimento. É impressionante a precisão desses períodos temporais, e é fácil desperdiçar essa oportunidade crucial.

#A influência epigenética dos pais ausentes na saúde infantil

A ciência da Epigenética, um campo que transcende os limites da Genética tradicional, lança luz sobre as modificações químicas reversíveis que ocorrem no DNA, sem interferir na sua sequência, mas ainda assim passíveis de serem transmitidas aos descendentes. Essas marcas epigenéticas, como aponta Martins (2006), são suscetíveis a estímulos ambientais, podendo resultar em uma programação epigenética alterada que aumenta o risco de várias doenças. Essa constatação ressalta a influência significativa do ambiente no desenvolvimento humano, em que uma infância marcada por cuidado, afeto e estímulos tende a reduzir as predisposições negativas.

Contudo, a ausência dos pais na vida das crianças pode desencadear uma série de consequências adversas. A "síndrome dos pais ausentes" engloba uma variedade de sintomas que indicam a carência afetiva e emocional da criança. Esses sinais incluem irritabilidade, distúrbios de sono e alimentação, sintomas depressivos e uma tendência a adoecer com frequência, além do choro excessivo na ausência dos pais.

A falta sistemática dos pais no ambiente familiar pode ser considerada uma enfermidade em si, pois acarreta complicações sérias no desenvolvimento infantil. A pesquisa conduzida para medir a quantidade de tempo que os pais passam com crianças pequenas, sobretudo entre os 4 e 6 anos de idade, revela um cenário preocupante. Organizações renomadas, como a OMS e a Sociedade de Pediatria, recomendam que as crianças permaneçam com a família até pelo menos os 2 anos. No entanto, o Brasil e outros países adotam uma prática controversa ao delegar o cuidado infantil desde os primeiros meses de vida, o que é considerado um equívoco.

A atualidade apresenta desafios inegáveis. Muitos pais e mães enfrentam a pressão do trabalho e a falta de tempo para dedicarem-se integralmente aos filhos. Assim, é comum que, já aos 4 meses de vida, os bebês sejam colocados em creches para permitir que os pais retornem ao trabalho. Infelizmente, são poucos os países que oferecem licença-maternidade de longa duração, possibilitando que as mães passem mais tempo com seus filhos nos primeiros anos de vida.

A ausência dos pais na criação dos filhos é um tema de discussão global, despertando preocupações em diversos setores da sociedade. A compreensão dos efeitos epigenéticos dessa ausência lança luz sobre a importância crucial do vínculo parental na saúde e no bem-estar das futuras gerações.

Em muitos países ao redor do mundo, as políticas de licença-maternidade têm se tornado mais abrangentes, oferecendo às mães a oportunidade de permanecerem em casa com seus filhos por até dois anos, ou pelo menos um ano após o nascimento. Em casos em que a mãe já tenha encerrado o período de amamentação, o pai pode assumir esse período, especialmente se o emprego da mãe for crucial para a sustentação da família. No entanto, mesmo com avanços nesse sentido, como observado em instituições importantes como o Senado Federal e a Câmara dos Deputados, há um consenso crescente de que é o Estado quem deve assumir a responsabilidade de oferecer essa licença, em vez de sobrecarregar os empregadores.

A Lei n.º 13.257, de 16 de março de 2016, representa um passo significativo nessa direção, ao instituir uma licença-maternidade de

180 dias para todas as mulheres trabalhadoras, independentemente do regime de contratação. Além disso, parte desses dias pode ser transferida para o pai, desde que a mãe já tenha desmamado o bebê. Adicionalmente, concede-se ao empregador a prerrogativa de oferecer licenças adicionais, garantindo que a mãe possa cuidar de seu filho sem o receio de perder seu emprego. O Projeto de Lei n.º 11/2015, por sua vez, propõe que o Estado auxilie no financiamento dessas licenças, aliviando, assim, o ônus sobre os empregadores.

A infância é uma fase crucial no desenvolvimento humano e negligenciá-la pode ter repercussões profundas. Investir nessa fase é essencial, pois o preço da ausência parental pode ser alto no futuro. A falta de amor, afeto e presença pode afetar drasticamente a personalidade da criança, limitando sua capacidade de viver plenamente, de se relacionar de forma saudável e de contribuir positivamente para a sociedade.

Além da importância da amamentação exclusiva, a presença dos pais e o afeto dos familiares desempenham papéis fundamentais na formação da personalidade infantil. A terceirização do cuidado infantil representa um risco significativo, podendo resultar em graves sintomas de desenvolvimento. Ser atencioso e demonstrar amor não significa superproteger a criança, mas sim orientá-la sobre o que é certo e errado, promovendo uma educação saudável.

Notamos, então, uma grande insubstituível presença dos pais na formação da criança. Embora creches, instituições educacionais e cuidadores não parentais possam oferecer estímulos às crianças, é importante compreender que tais influências, ou a ausência delas, moldarão a identidade do indivíduo. No entanto, é irrefutável que a influência dos próprios pais na vida de uma criança é incomparável. Ao longo das últimas décadas, têm-se observado prejuízos significativos que se refletem nas questões psicossociais enfrentadas pela sociedade.

Nada pode substituir o papel dos pais na vida de uma criança. Mesmo que circunstâncias exijam que esse papel seja temporariamente delegado a terceiros, a presença ativa de pais amorosos é fundamental para o desenvolvimento saudável do indivíduo.

17

A IMPORTÂNCIA DA EDUCAÇÃO PARENTAL

A educação parental refere-se ao conjunto de práticas, atitudes e habilidades adotadas pelos pais ou responsáveis para promover o desenvolvimento integral e saudável de seus filhos. Envolve não apenas a transmissão de valores morais e culturais, mas também a criação de um ambiente seguro, estimulante e amoroso onde as crianças possam crescer e se desenvolver. Essa prática abrange desde a nutrição física e emocional até o suporte educacional e social, preparando os jovens para enfrentar os desafios da vida adulta com confiança e autonomia.

A educação parental é um compromisso contínuo e dinâmico que requer dedicação, paciência e adaptação às necessidades individuais de cada criança. Ao adotar práticas educativas positivas e eficazes, os pais não apenas influenciam o desenvolvimento de seus filhos, mas também contribuem para a construção de uma sociedade mais equitativa, justa e solidária. É essencial reconhecer o impacto positivo que uma educação parental bem orientada pode ter não apenas na vida das crianças, mas também na comunidade e no mundo em geral.

A educação parental tem como objetivo:
- **Promoção do desenvolvimento global das crianças**: o principal objetivo da educação parental é garantir que as crianças cresçam de maneira saudável e equilibrada. Isso inclui o desenvolvimento físico, emocional, social e cognitivo, proporcionando-lhes as habilidades e as competências necessárias para se tornarem adultos responsáveis e bem-sucedidos.

- **Fortalecimento dos vínculos familiares**: a educação parental busca fortalecer os laços afetivos entre pais e filhos, criando um ambiente de confiança, respeito mútuo e apoio mútuo. Relações familiares positivas são fundamentais para o bem-estar emocional das crianças e para a coesão familiar.
- **Preparação para a vida adulta**: os pais desempenham um papel crucial na preparação de seus filhos para os desafios e responsabilidades da vida adulta. Isso envolve ensinar habilidades práticas, como responsabilidade, organização e resolução de problemas, bem como transmitir valores éticos e morais que guiarão as escolhas e decisões futuras das crianças.
- **Fomento de um ambiente de aprendizagem positivo**: a educação parental visa criar um ambiente de aprendizagem positivo em casa, onde a curiosidade, a criatividade e o desejo de aprender sejam incentivados. Isso inclui o apoio ao desenvolvimento acadêmico das crianças, ajudando-as a alcançar seu potencial máximo na escola e na vida.
- **Promoção do bem-estar e da saúde mental**: além do desenvolvimento físico e intelectual, a educação parental também se preocupa com o bem-estar emocional e a saúde mental das crianças. Isso envolve promover a autoestima, ensinar habilidades de gerenciamento de emoções e criar um ambiente seguro onde as crianças se sintam à vontade para expressar seus sentimentos e preocupações.
- **Construção de resiliência e autonomia**: educar os filhos envolve ajudá-los a desenvolver resiliência e autonomia. Os pais são incentivados a permitir que seus filhos enfrentem desafios e tomem decisões por conta própria, promovendo assim a autoconfiança e a capacidade de lidar com adversidades.

A educação parental é um componente crucial no desenvolvimento integral das crianças. Ela envolve um conjunto de práticas e atitudes adotadas pelos pais ou responsáveis para promover o bem-estar físico, emocional, social e cognitivo de seus filhos. Uma educação parental eficaz não só contribui para o sucesso acadêmico e social das crianças, mas também fortalece os laços familiares e prepara os jovens para enfrentar os desafios da vida adulta. A importância da educação parental é cada vez mais reconhecida em um mundo onde as demandas e pressões sociais estão em constante mudança.

A educação parental é o processo pelo qual os pais ou responsáveis adquirem conhecimentos, habilidades e atitudes para criar e educar seus filhos de maneira saudável e equilibrada. Com o objetivo de:

- **Promover o desenvolvimento saudável das crianças**: garantir que as crianças cresçam em um ambiente que apoie seu bem-estar físico, emocional e mental.
- **Fortalecer os laços familiares**: fomentar relações fortes e positivas entre pais e filhos, baseadas em amor, respeito e confiança.
- **Capacitar os pais para lidar com os desafios do dia a dia**: equipar os pais com estratégias e habilidades para enfrentar as diversas situações que surgem na criação dos filhos.
- **Fomentar um ambiente de apoio e amor**: criar um lar onde as crianças se sintam seguras, amadas e valorizadas.

Existem diversas teorias e abordagens que norteiam a prática da educação parental, cada uma com seu enfoque específico e princípios fundamentais:

Teoria do Apego: esta teoria destaca a importância dos vínculos emocionais entre pais e filhos desde os primeiros anos de vida. Desenvolvida por psicólogos como John Bowlby e Mary Ainsworth, enfatiza que um apego seguro, baseado na sensação de segurança e conforto proporcionada pelos cuidadores, é essencial para o desenvolvimento emocional saudável da criança. Pais que respondem de maneira sensível e consistente às necessidades emocionais de seus filhos contribuem para a formação de relações interpessoais positivas e para uma autoestima saudável ao longo da vida.

Teoria Comportamental: baseada nos princípios da psicologia comportamental, esta abordagem foca na modificação do comportamento por meio do uso de reforços positivos e negativos. Os pais aplicam consequências claras e consistentes para promover comportamentos desejáveis e desencorajar comportamentos indesejáveis. Técnicas como elogios, recompensas e retirada de privilégios são utilizadas para ensinar habilidades sociais, autocontrole e responsabilidade aos filhos. Esta abordagem enfatiza a importância da consistência e previsibilidade no ambiente familiar.

Abordagem Humanista: influenciada pelo trabalho de psicólogos humanistas como Carl Rogers e Abraham Maslow, esta abordagem coloca ênfase no respeito, na empatia e na compreensão das necessidades emocionais e psicológicas da criança. Pais que adotam esta abordagem procuram criar um ambiente familiar que valorize a autenticidade, a expressão emocional e o desenvolvimento pessoal da criança. Eles reconhecem a importância de uma comunicação aberta e de uma relação de confiança mútua para promover um crescimento emocional saudável e uma autoestima positiva.

Cada uma dessas teorias e abordagens oferece *insights* valiosos sobre como os pais podem criar um ambiente familiar que promova o bem-estar emocional e o desenvolvimento social e cognitivo das crianças. Ao combinar elementos de apego seguro, técnicas comportamentais eficazes e uma abordagem humanista centrada na criança, os pais podem desenvolver estratégias educativas que se adaptem às necessidades individuais de seus filhos e promovam um ambiente familiar amoroso, respeitoso e estimulante.

A educação parental eficaz oferece uma série de benefícios significativos tanto para as crianças quanto para os pais, promovendo um ambiente familiar saudável e favorecendo o desenvolvimento integral dos filhos.

1. Para as crianças:

Melhor desempenho acadêmico: crianças que recebem uma educação parental de qualidade tendem a ter um desempenho acadêmico mais sólido. O apoio dos pais em atividades educativas, como leitura e ajuda com lições de casa, contribui para um aprendizado mais eficaz e para o desenvolvimento de habilidades cognitivas.

Desenvolvimento emocional equilibrado: o suporte emocional dos pais é fundamental para o desenvolvimento emocional saudável das crianças. Uma educação parental que valoriza a expressão emocional, a empatia e o respeito pelas emoções dos filhos ajuda a promover uma autoestima positiva e a capacidade de lidar com desafios emocionais.

Habilidades sociais aprimoradas: pais que ensinam habilidades sociais, como respeito, cooperação e comunicação eficaz, ajudam as crianças a desenvolver relacionamentos saudáveis com os outros. Isso prepara os jovens para interações positivas dentro e fora da escola, promovendo um desenvolvimento social bem-sucedido.

Segurança e autoconfiança: crianças que se sentem amadas, apoiadas e compreendidas pelos pais tendem a ser mais seguras e autoconfiantes. Isso as capacita a explorar o mundo ao seu redor, enfrentar desafios e tomar decisões com mais confiança.

2. Para os pais:

Maior satisfação parental: pais envolvidos e bem informados sobre as necessidades e desenvolvimento de seus filhos geralmente experimentam maior satisfação parental. O sentimento de estar contribuindo positivamente para o crescimento dos filhos fortalece o vínculo familiar e aumenta a felicidade pessoal.

Melhores relações familiares: uma educação parental eficaz promove relações familiares mais próximas e positivas. Comunicação aberta, respeito mútuo e apoio mútuo são pilares de um ambiente familiar harmonioso e amoroso.

Redução do estresse: pais bem-preparados e informados são menos propensos a experimentar altos níveis de estresse associado à criação dos filhos. Eles têm mais confiança em suas habilidades parentais e estão mais aptos a enfrentar os desafios cotidianos com calma e resiliência.

Investir em uma educação parental eficaz não só beneficia diretamente o desenvolvimento e bem-estar das crianças, mas também fortalece os laços familiares e aumenta a satisfação e competência dos pais. Criar um ambiente familiar positivo e acolhedor é essencial para o crescimento saudável e feliz das crianças, preparando-as para um futuro promissor e equilibrado.

A educação parental é uma jornada contínua e complexa, repleta de desafios que exigem adaptação e resiliência dos pais. Entre os principais obstáculos que podem surgir, destacam-se a conciliação entre trabalho e família, as influências externas e digitais, e a diversidade cultural e socioeconômica.

Equilibrar as demandas profissionais e familiares é um desafio significativo para muitos pais. A necessidade de manter um emprego para sustentar a família muitas vezes entra em conflito com o desejo de passar tempo de qualidade com os filhos e participar ativamente de suas vidas. Este equilíbrio é essencial para o bem-estar tanto dos pais quanto das crianças.

Gerenciar os desafios da educação parental requer uma abordagem cuidadosa e estratégias eficazes para equilibrar as demandas da vida profissional e familiar. Aqui estão duas estratégias essenciais: gestão do tempo e apoio da comunidade.

Estabelecer prioridades e organizar o tempo de maneira eficiente é crucial para garantir que as responsabilidades profissionais não sobrecarreguem a vida familiar. Pais ocupados podem se beneficiar enormemente de técnicas de gestão do tempo que permitem uma melhor conciliação entre trabalho e família.

- **Estabelecer prioridades**: identificar o que é mais importante, tanto no âmbito profissional quanto no familiar, ajuda a focar no que realmente importa. Isso pode significar reservar tempo para eventos familiares significativos ou ajustar compromissos de trabalho quando necessário.
- **Organização e Planejamento**: criar um calendário familiar que inclua compromissos profissionais, escolares e familiares pode ajudar a visualizar e gerenciar melhor o tempo. Utilizar ferramentas como agendas digitais ou aplicativos de gerenciamento de tempo pode ser útil para manter tudo em ordem.
- **Reservar tempo para os filhos**: é essencial garantir que haja tempo dedicado exclusivamente para os filhos. Este tempo pode ser utilizado para atividades conjuntas, como brincadeiras e leitura, ou para simplesmente conversar e fortalecer o vínculo familiar. Estabelecer uma rotina diária ou semanal

para passar tempo de qualidade com os filhos pode fazer uma grande diferença no relacionamento familiar.

Contar com a ajuda de uma rede de apoio pode aliviar a carga e proporcionar suporte emocional e prático. O apoio da comunidade é uma fonte valiosa de assistência e orientação para pais que enfrentam os desafios da educação parental.

Rede de apoio familiar e amizades: envolver familiares, amigos e vizinhos pode fornecer suporte em momentos de necessidade. Esses indivíduos podem ajudar com cuidados infantis, transporte escolar, ou simplesmente oferecer um ombro amigo para desabafar.

Programas comunitários: participar de programas comunitários e grupos de pais pode proporcionar acesso a recursos educacionais, conselhos e atividades que beneficiam toda a família. Esses programas muitas vezes oferecem *workshops*, encontros regulares e outras formas de apoio que ajudam os pais a lidar com os desafios da criação dos filhos.

Grupos de pais: envolver-se em grupos de pais locais ou on-line pode ser uma excelente maneira de compartilhar experiências, obter conselhos e encontrar soluções para problemas comuns. Esses grupos oferecem um ambiente de suporte em que pais podem aprender uns com os outros e sentir-se menos isolados em suas jornadas parentais.

Gerenciar os desafios na educação parental exige estratégias eficazes e uma abordagem proativa. A gestão do tempo e o apoio da comunidade são fundamentais para equilibrar as responsabilidades profissionais e familiares. Ao estabelecer prioridades claras, organizar o tempo de forma eficiente e contar com uma rede de apoio confiável, os pais podem criar um ambiente familiar harmonioso e propício ao desenvolvimento saudável de seus filhos.

A presença constante da tecnologia e das redes sociais apresenta novos desafios para a educação parental. A facilidade de acesso a dispositivos digitais e a exposição a conteúdos inadequados podem impactar negativamente no desenvolvimento das crianças e adolescentes. Além disso, o tempo excessivo passado em frente às telas pode reduzir o tempo dedicado a atividades físicas, estudos e interações sociais diretas.

Estabelecer limites saudáveis: definir regras claras sobre o uso de dispositivos eletrônicos, como limites de tempo e horários específicos para o uso, ajuda a manter um equilíbrio saudável.

Monitorar o uso da tecnologia: acompanhar de perto as atividades on-line das crianças e adolescentes, orientando-os sobre o uso seguro e responsável da internet, é fundamental. Pais podem utilizar ferramentas de controle parental e discutir abertamente sobre os perigos e benefícios da tecnologia.

As diferenças culturais e socioeconômicas podem influenciar profundamente as práticas parentais. Famílias de diferentes origens culturais podem ter valores, tradições e expectativas distintas em relação à criação dos filhos. Além disso, as condições socioeconômicas podem afetar o acesso a recursos educacionais, cuidados de saúde e outras oportunidades essenciais para o desenvolvimento infantil.

Reconhecer e respeitar diferenças: é importante que os pais e a comunidade escolar reconheçam e respeitem as diferenças culturais e socioeconômicas, promovendo um ambiente inclusivo e compreensivo.

Promover práticas eficazes: independente das diferenças, é possível identificar e promover práticas parentais que são eficazes em diversos contextos. Isso pode incluir programas de apoio familiar, *workshops* e recursos educativos adaptados às necessidades específicas de cada comunidade.

Os desafios na educação parental são muitos e variados, mas com estratégias adequadas e apoio comunitário, os pais podem navegar por essas dificuldades de maneira eficaz. Equilibrar trabalho e família, gerir a influência da tecnologia e respeitar a diversidade cultural e socioeconômica são passos essenciais para criar um ambiente de apoio e crescimento para as crianças. Ao enfrentar esses desafios de maneira proativa, os pais podem contribuir significativamente para o desenvolvimento saudável e equilibrado de seus filhos.

A educação parental nas escolas desempenha um papel crucial na formação integral dos estudantes e no fortalecimento da relação entre família e escola. Essa abordagem reconhece que os pais são os primeiros e mais influentes educadores de seus filhos e que seu envolvimento ativo e informado no processo educacional é fundamental para o sucesso acadêmico e pessoal das crianças.

A educação parental nas escolas emergiu como um componente vital no panorama educacional contemporâneo, reconhecendo a profunda influência que os pais exercem no desenvolvimento acadêmico e emocional de seus filhos. Em um mundo onde as exigências profissionais e as complexidades sociais muitas vezes afastam os pais do dia a dia escolar, a integração de programas de educação parental nas instituições de ensino tem se mostrado essencial para criar uma parceria efetiva entre família e escola.

Essa colaboração é fundamental não apenas para apoiar o desempenho acadêmico dos alunos, mas também para promover seu bem-estar geral. A educação parental nas escolas fornece aos pais as ferramentas e os conhecimentos necessários para se tornarem participantes ativos e conscientes no processo educativo, fortalecendo os laços familiares e criando um ambiente de aprendizado mais coeso e harmonioso. Ao abordar a importância dessa integração, é possível perceber como a sinergia entre pais, professores e escolas pode transformar a experiência educacional, beneficiando não apenas os alunos, mas toda a comunidade escolar.

Fortalecimento dos laços entre família e escola: a integração da educação parental nas escolas ajuda a construir uma parceria sólida entre pais e educadores. Essa colaboração é essencial para criar um ambiente de apoio e coeso que favorece o desenvolvimento do aluno. Quando pais e professores trabalham juntos, compartilham expectativas e estratégias, e se comunicam regularmente, as crianças se beneficiam de um suporte contínuo tanto em casa quanto na escola.

Capacitação dos pais: programas de educação parental nas escolas oferecem aos pais ferramentas e conhecimentos para lidar com os desafios da criação e da educação dos filhos. *Workshops*, palestras e sessões de treinamento sobre temas como disciplina positiva, comunicação efetiva e apoio ao aprendizado são exemplos de como as escolas podem capacitar os pais a serem mais eficazes em seu papel educacional.

Promoção do desenvolvimento integral: a educação parental nas escolas contribui para o desenvolvimento integral das crianças, abordando não apenas o aspecto acadêmico, mas também o emocional, o social e o comportamental. Pais bem informados e engajados podem fornecer um ambiente seguro e estimulante que complementa e reforça os esforços da escola.

A educação parental nas escolas ajuda a reduzir a terceirização da educação, incentivando os pais a assumirem um papel mais ativo e comprometido na formação de seus filhos. A terceirização da educação ocorre quando os pais delegam a responsabilidade de educar exclusivamente à escola, o que pode levar a um descompasso entre os valores e os comportamentos promovidos em casa e na escola.

Quando as escolas promovem a educação parental, elas incentivam os pais a se envolverem mais profundamente na vida escolar dos filhos. Esse envolvimento pode incluir a participação em reuniões de pais e mestres, envolvimento em atividades extracurriculares e acompanhamento regular do desempenho acadêmico. Pais mais envolvidos tendem a estar mais cientes das necessidades e progressos dos filhos, o que contribui para um ambiente de aprendizado mais harmonioso e eficaz.

A educação parental nas escolas é fundamental para o sucesso educacional e pessoal das crianças. Ela fortalece os laços entre família e escola, capacita os pais a serem educadores mais eficazes e contribui para o desenvolvimento integral dos estudantes.

A educação parental desempenha um papel crucial no desenvolvimento integral das crianças e no fortalecimento das relações familiares e comunitárias. Por meio de programas e estratégias eficazes, a educação parental capacita os pais a desempenharem um papel ativo e consciente na formação de seus filhos, promovendo um ambiente que favorece o aprendizado, o bem-estar emocional e o desenvolvimento social.

Ao integrar a educação parental nas escolas, cria-se uma ponte entre o ambiente doméstico e o escolar, assegurando que os valores e as práticas ensinados em casa estejam em harmonia com aqueles promovidos na escola. Essa sinergia é essencial para o sucesso acadêmico e pessoal das crianças, pois oferece um suporte contínuo e consistente, tanto dentro quanto fora da sala de aula.

Em um contexto mais amplo, a educação parental contribui para a construção de uma sociedade mais equitativa e solidária. Ao capacitar os pais e fortalecer os laços familiares, promovemos comunidades mais resilientes e coesas, em que cada indivíduo tem a oportunidade de alcançar seu pleno potencial.

Portanto, a educação parental não é apenas uma responsabilidade individual, mas um esforço coletivo que beneficia toda a sociedade. Investir em programas de educação parental é investir no futuro, garantindo que as próximas gerações cresçam em ambientes que promovam o aprendizado, a saúde emocional e a capacidade de enfrentar os desafios da vida com confiança e integridade.

18
PROMOVER A SAÚDE MENTAL NA ESCOLA

A promoção da saúde mental dos alunos é de vital importância. Destacar estratégias fundamentais é essencial para auxiliar os alunos a enfrentarem questões relacionadas à saúde mental, utilizando abordagens práticas e abrangentes. Essas estratégias devem visar à criação de ambientes educacionais saudáveis, que promovam o bem-estar emocional e psicológico. Além disso, é crucial oferecer suporte contínuo aos alunos, pais e professores, garantindo um esforço colaborativo para fortalecer a comunidade escolar e proporcionar um ambiente de aprendizagem seguro e acolhedor.

Sempre existe a discussão da importância da prevenção de problemas de saúde mental nas escolas, bem como técnicas para identificar e abordar casos específicos, pois sabemos como a criação de um ambiente acolhedor e seguro é destacada como essencial, assim como a promoção de atividades e eventos que estimulem o desenvolvimento social e intelectual dos alunos.

Promover a inclusão, o respeito mútuo e a responsabilidade compartilhada entre alunos, pais e professores é essencial para criar ambientes educacionais saudáveis. Além disso, é importante envolver tanto os pais quanto os professores no processo de apoio aos alunos.

Deparamo-nos com uma variedade de casos específicos, incluindo transtornos de ansiedade, transtornos alimentares, transtornos de conduta e outros. Para cada caso, são oferecidas orientações sobre abordagens de tratamento, ferramentas de diagnóstico e estratégias de apoio aos alunos.

Programas de saúde mental implementados em escolas têm demonstrado melhorias significativas na saúde mental e no comportamento dos alunos. Essas iniciativas não apenas beneficiam os alunos diretamente envolvidos, mas também contribuem para a redução dos índices de violência e indisciplina escolar.

A promoção da saúde mental na escola é uma responsabilidade dos profissionais de saúde e, também, de toda a comunidade escolar. A abordagem prática apresentada pelo autor Rubens Alves oferece um guia valioso para educadores, pais e profissionais de saúde que buscam criar ambientes educacionais mais saudáveis e apoiar o bem-estar emocional e psicológico dos alunos.

#A depressão na infância e na adolescência

A depressão na infância e na adolescência é uma preocupação crescente, com impactos significativos na saúde mental e no desempenho acadêmico dos estudantes. Os sinais de depressão podem incluir humor deprimido, autocrítica, agressividade, distúrbios do sono, declínio no rendimento escolar, isolamento social, cansaço e falta de apetite.

Esse quadro de saúde mental pode levar a complicações na capacidade do jovem de obter resultados acadêmicos satisfatórios, bem como ao seu afastamento de atividades importantes para seu desenvolvimento. Essa condição pode impedir que os estudantes mantenham um bom desempenho e possam se conectar com outros alunos em atividades sociais.

Há diversos desafios na abordagem da saúde mental na escola, incluindo a falta de recursos e infraestrutura, formação inadequada dos professores e uma cultura educacional centrada na memorização de informações. Contudo, é fundamental promover um ambiente escolar que valorize o desenvolvimento emocional e social dos alunos.

Para melhorar o ambiente escolar e promover a saúde mental dos alunos, é necessário adotar estratégias que estimulem o interesse, a motivação e o desenvolvimento de habilidades práticas e de consciência crítica. Isso pode incluir o trabalho em conjunto com profissionais de saúde mental, a promoção de atividades interessantes e desafiadoras e o estímulo à colaboração e ao trabalho em equipe.

É fundamental que os professores estejam preparados emocionalmente e capacitados para identificar e orientar os alunos em questões relacionadas à saúde mental. Aliás, a colaboração entre escola e família fornece apoio e direcionamento aos alunos quando necessário.

A saúde emocional de cada indivíduo desempenha um papel crucial no desenvolvimento saudável ao longo da vida. No contexto educacional, é imperativo que os educadores estejam devidamente preparados para lidar com as necessidades emocionais dos alunos. O professor, como figura central no ambiente escolar, assume a responsabilidade de orientar, apoiar e ajudar a resolver questões afetivas dos estudantes. Isso requer uma compreensão profunda e reconhecimento dos sinais de transtornos emocionais, como depressão, ansiedade, estresse, entre outros.

Além de identificar tais sinais, é essencial que os educadores possuam conhecimentos e habilidades para gerenciar conflitos, contribuindo para um ambiente propício ao aprendizado saudável. Eles devem encorajar os alunos a expressarem seus sentimentos e a lidarem com desafios de maneira construtiva. Os professores devem estar preparados para abordar questões de saúde emocional com sensibilidade, reconhecendo que esses são assuntos delicados que exigem uma abordagem especializada.

É fundamental que os educadores cultivem um ambiente seguro e acolhedor, onde os alunos se sintam à vontade para expressar seus sentimentos e buscar apoio. Preparar os professores para lidar com a saúde emocional dos alunos não apenas promove o desenvolvimento saudável dos estudantes, mas também contribui para um ambiente de aprendizado mais eficaz e positivo.

#Reflexões sobre a origem e prevenção dos problemas de saúde mental na escola

Refletir sobre as origens dos problemas de saúde mental e emocional dos alunos é importante para compreender seu possível agravamento no ambiente escolar. Esses problemas podem derivar de uma variedade de fatores, desde influências genéticas até condições ambientais adversas. É importante reconhecer que muitos alunos podem enfrentar desafios de saúde mental mesmo antes de ingressarem na escola.

Porém, o ambiente escolar pode desempenhar um papel de agravamento desses problemas. A falta de apoio, a pressão por desempenho, o bullying entre os colegas e a ausência de incentivo podem contribuir para o declínio da saúde mental e emocional dos alunos. Portanto, é fundamental que líderes escolares e professores trabalhem em conjunto para criar um ambiente que proporcione o bem-estar dos alunos, oferecendo apoio emocional e encorajamento.

Para entender como essas questões podem se intensificar no ambiente escolar, é fundamental reconhecer que os problemas de saúde mental dos alunos podem ter origens diversas, abrangendo desde fatores genéticos e biológicos até experiências traumáticas. Por exemplo:

- **traumas não reconhecidos** – muitas vezes, problemas mentais podem ter suas raízes em traumas não reconhecidos, como abuso físico, emocional ou sexual, negligência ou outras experiências traumáticas na infância. Esses traumas podem afetar profundamente o bem-estar mental dos alunos e é importante que a escola esteja atenta a sinais de trauma e ofereça apoio adequado;
- **falta de conscientização sobre saúde mental** – a falta de conscientização e educação sobre saúde mental na escola pode contribuir para o estigma em torno dessas questões e dificultar a busca por ajuda. Incluir programas de educação sobre saúde mental no currículo escolar e viabilizar discussões abertas sobre o tema pode ajudar a reduzir o estigma e encorajar os alunos a procurarem apoio quando necessário;

- **pressão acadêmica excessiva** - além da pressão por desempenho, a competitividade acadêmica exacerbada pode contribuir para o estresse e a ansiedade entre os alunos. A ênfase excessiva nos resultados pode levá-los a se sentirem inadequados e aumentar o risco de problemas de saúde mental. É importante encontrar um equilíbrio entre desafiar os alunos academicamente e apoiar sua saúde mental e emocional;
- **desigualdades sociais e econômicas** - desigualdades sociais e econômicas podem criar condições que afetam negativamente a saúde mental dos alunos. por exemplo, a falta de acesso a recursos financeiros, moradia instável ou insegurança alimentar pode aumentar o estresse e a ansiedade. É importante reconhecer e abordar essas desigualdades para promover um ambiente escolar mais inclusivo e equitativo;
- **fatores culturais e sociais** - as normas culturais e sociais podem influenciar a maneira como os problemas de saúde mental são percebidos e abordados. Por exemplo, certas comunidades podem estigmatizar a busca por ajuda mental ou ter crenças culturais específicas sobre saúde mental que impactam como os alunos lidam com seus problemas. É essencial que a escola seja sensível às diferentes culturas e contextos sociais de seus alunos ao abordar questões de saúde mental.

Para prevenir o agravamento desses problemas na escola, várias medidas podem ser adotadas, visando reduzir o estigma e promover uma cultura de apoio, além de integrar práticas que promovam o bem-estar na rotina escolar, como:

- **educação e conscientização** - implementar programas educacionais sobre saúde mental que abordem questões como identificação de sinais precoces de problemas mentais, estratégias de enfrentamento e onde buscar ajuda pode ajudar a reduzir o estigma em torno dessas questões e facilitar uma cultura de apoio na escola;

- **promoção do bem-estar emocional** - integrar práticas que promovam o bem-estar emocional na rotina escolar, como atividades de relaxamento, exercícios físicos e momentos de expressão artística, pode fortalecer a resiliência dos alunos e ajudá-los a lidar com o estresse e a ansiedade;
- **apoio social e psicológico** - garantir que os alunos tenham acesso a conselheiros escolares, psicólogos ou terapeutas pode oferecer um espaço seguro para expressarem seus sentimentos e receberem apoio emocional quando necessário. Promover uma cultura de apoio entre os colegas pode criar um ambiente mais solidário e inclusivo;
- **ambiente escolar positivo** - criar um ambiente escolar positivo e acolhedor, onde os alunos se sintam valorizados, seguros e apoiados, pode ajudar a reduzir o estresse e a ansiedade. Isso pode envolver políticas contra o bullying, oportunidades de participação ativa dos alunos na comunidade escolar e incentivo ao diálogo aberto sobre questões emocionais;
- **parcerias comunitárias** - estabelecer parcerias com serviços de saúde mental da comunidade, organizações sem fins lucrativos e profissionais de saúde mental pode ampliar os recursos disponíveis para os alunos e suas famílias, garantindo que recebam o suporte necessário dentro e fora da escola.

Proporcionar um ambiente escolar positivo e acolhedor, com políticas contra o bullying e incentivo ao diálogo aberto sobre questões emocionais, pode ajudar a reduzir o estresse e a ansiedade entre os alunos.

Assim, estabelecer parcerias com serviços de saúde mental da comunidade e profissionais especializados, ampliando os recursos disponíveis, garantindo suporte tanto dentro quanto fora da escola, pode ser uma poderosa arma no auxílio à saúde mental. Essas medidas colaboram para a criação de um ambiente escolar mais seguro, inclusivo e propício ao bem-estar mental dos alunos.

Os alunos que enfrentam desafios de saúde mental devem ter acesso a recursos adequados para garantir que se sintam seguros e apoiados.

#Repensando o modelo industrial da escola e seu impacto na saúde mental dos educadores

O modelo industrial da escola é associado a um aumento da pressão sobre os profissionais da educação, prejudicando sua saúde mental e qualidade de vida. Medidas de controle inadequadas, falta de apoio e treinamento adequado, além de demandas excessivas por resultados, contribuem para o estresse e a exaustão dos educadores.

A saúde mental dos educadores é uma questão de extrema importância que muitas vezes é negligenciada. Estudos e pesquisas demonstram que os profissionais da educação enfrentam uma série de desafios que podem afetar seu bem-estar psicológico e emocional.

O ambiente escolar pode ser altamente estressante devido a uma variedade de fatores, incluindo carga de trabalho excessiva, pressão por resultados acadêmicos, demandas administrativas, falta de recursos adequados, conflitos com alunos, pais ou colegas e até mesmo a exposição a situações de violência e trauma.

Segundo a OMS, os educadores estão entre os profissionais mais propensos a sofrer de estresse ocupacional e esgotamento emocional. Um estudo realizado pela Universidade de Harvard revelou que cerca de 46% dos professores americanos relataram um nível de estresse alto ou muito alto diariamente durante o ano letivo.

Os impactos negativos na saúde mental dos educadores podem se manifestar de diversas formas, incluindo ansiedade, depressão, exaustão emocional, síndrome de burnout, problemas de sono, irritabilidade, falta de motivação e até mesmo pensamentos suicidas.

É fundamental reconhecer e abordar esses desafios para garantir o bem-estar dos educadores e, consequentemente, a qualidade do ensino. Isso pode incluir a implementação de políticas de apoio psicológico, programas de prevenção ao estresse, fornecimento de recursos adequados, incentivo à prática de autocuidado e promoção de um ambiente de trabalho colaborativo e solidário.

Investir na saúde mental dos educadores não apenas beneficia esses profissionais individualmente, mas também contribui para criar um ambiente escolar mais positivo e produtivo, refletindo-se diretamente no desempenho acadêmico e no bem-estar dos alunos.

É preciso repensar esse modelo para garantir que os profissionais da educação possam desempenhar suas funções de forma mais equilibrada e saudável. Isso pode envolver a implementação de políticas que ofereçam suporte, oportunidades de desenvolvimento profissional e um ambiente de trabalho mais colaborativo e solidário.

Oferecer um ambiente mais favorável para os educadores inicia um movimento para que as escolas possam melhorar a saúde mental dos profissionais e, também, a qualidade da educação oferecida. É vital que as instituições educacionais reconheçam a importância de cuidar do bem-estar de seus funcionários para garantir um ambiente de aprendizado positivo e produtivo.

A fim de mitigar o estresse e a ansiedade entre os educadores, é necessário explorar alternativas ao modelo industrial de ensino. Isso inclui a promoção de práticas pedagógicas baseadas no diálogo, colaboração e respeito mútuo. Ademais, é importante adotar um modelo educacional que valorize a criatividade, autonomia e inovação.

Substituir o modelo industrial por abordagens mais humanizadas pode criar um ambiente educacional mais acolhedor e inclusivo nas escolas. Isso beneficia a saúde mental dos educadores e enriquece a experiência de aprendizado dos alunos, incentivando o pensamento crítico e a exploração criativa.

Para alcançar essa transformação, é essencial fornecer suporte adequado aos educadores, incluindo oportunidades de desenvolvimento profissional, bem como promover a saúde mental e o bem-estar no local de trabalho. Ao priorizar o cuidado com os profissionais da educação, as escolas podem promover um ambiente de aprendizado mais saudável e gratificante para todos os envolvidos.

DESAFIOS DO MODELO INDUSTRIAL E PERSPECTIVAS PARA UMA EDUCAÇÃO MAIS CENTRADA NO ALUNO

O modelo industrial de ensino apresenta desafios significativos para a saúde mental dos profissionais da educação e estudantes. Sua ênfase na padronização e na conformidade limita a criatividade e a autonomia, prejudicando tanto a qualidade do ensino quanto o bem-estar dos envolvidos.

Para superar esses desafios, é necessário adotar uma abordagem mais centrada no aluno, que valorize a individualidade e promova a inovação. Isso requer mudanças tanto na estrutura educacional quanto na cultura escolar, incluindo a personalização do currículo, o estímulo à colaboração e o fornecimento de suporte emocional e acadêmico aos alunos.

Sem mencionar que é fundamental investir na saúde mental dos profissionais da educação, oferecendo-lhes recursos e apoio adequados para lidar com os desafios do ambiente escolar. Ao priorizar uma abordagem mais holística e humanizada da educação, as escolas podem criar um ambiente mais acolhedor e estimulante para o aprendizado e o crescimento pessoal de todos os envolvidos.

#A importância da atenção na educação

A falta de atenção é um dos principais fatores responsáveis pelo desinteresse das aulas e a incapacidade de acompanhar a explicação dos professores. Quando uma criança não consegue absorver adequadamente o conteúdo, ela não se destaca da forma que poderia. Aliás, a impulsividade e a falta de paciência também são características típicas de quem tem transtorno do déficit de atenção com hiperatividade (TDAH), o que pode levar ao cometimento de erros simplórios durante provas e exames. Um aluno com dificuldade em se concentrar em sala de aula, consequentemente, não obtém bons resultados acadêmicos e não costuma ver a escola com bons olhos. Os pais, então, se veem na obrigação de remediá-lo. No entanto, na ausência de sucesso, torna-se difícil para a criança desenvolver interesse por ela. Logo que os primeiros progressos do tratamento começam a ser notados, gera interesse pela escola e sua relação com os colegas também se modifica.

Segundo um estudo realizado em 2019 pela Universidade Federal de São Paulo (UNIFESP), cerca de 9,9% dos alunos brasileiros sofrem de TDAH. Os resultados mais altos de TDAH foram encontrados no ensino superior, com 11,5%. Isso demonstra um aumento da incidência de TDAH entre os alunos brasileiros ao longo do tempo, tendo efeitos negativos na educação.

Distinguir entre "dificuldades para se ajustar a um sistema de ensino" e "incapacidade de aprender" é de extrema importância. As pessoas com TDAH possuem a mesma inteligência e aptidão para absorver conhecimento que qualquer outra criança e, geralmente, são bastante criativas. Entretanto, é necessário que elas recebam oportunidades de desenvolvimento e que seus problemas sejam observados.

#A sociedade em rede e a democratização do conhecimento

Vivemos em uma sociedade globalizada, impulsionada por avanços tecnológicos que possibilitam análises complexas e compreensão de disparidades. A democratização do conhecimento é uma realidade, ampliando não apenas o acesso a dados, mas também o desenvolvimento do pensamento em tempo real. Anteriormente, a internet fornecia acesso a informações, porém sem uma conexão direta com o conhecimento. Hoje, nas redes sociais, é possível gerar conhecimento instantaneamente, bastando participar de grupos de discussão relevantes. Essa equação entre conhecimento e poder é enfatizada por estudiosos.

A sociedade em rede representa um novo modelo social, caracterizado pela revolução na tecnologia da informação que redefine as interações e comunicações humanas. Esse fenômeno destaca a democratização do acesso ao conhecimento e suscita debates sobre o poder que esse conhecimento detém na contemporaneidade. Participar de grupos de discussão é essencial para se alcançar uma compreensão mais aprofundada desse novo contexto.

Quando abordamos a sociedade em rede como uma estrutura baseada na conectividade e interatividade dos sistemas de comunicação, as relações são estabelecidas digitalmente, facilitando o compartilhamento de informações e a produção de conhecimento.

O conceito de rede, derivado do latim *"retes"*, abrange qualquer fenômeno que envolva a interconexão de elementos, seja no mundo virtual, como nas redes sociais, ou em sistemas biológicos e econômicos. A sociedade em rede contrasta com o modelo piramidal de organização, no qual hierarquias rígidas e centralizadas prevalecem.

A popularização da internet marca uma transição marcante, possibilitando a formação de conexões horizontais e descentralizadas. Essa estrutura permite a interação direta e livre entre os participantes, representando uma alternativa ao modelo hierárquico tradicional.

Todavia, a transformação para uma sociedade em rede não é apenas tecnológica; é também educacional. A educação enfrenta o desafio de adaptar-se a esse novo paradigma, em que o conhecimento está abundantemente disponível online. A escola não é mais a única guardiã do conhecimento, e os professores não são mais os detentores exclusivos do saber. Em vez de simplesmente transmitir informações, a escola deve capacitar os alunos a selecionarem e interpretarem criticamente os conteúdos.

O papel da tecnologia é fundamental nesse processo, mas é essencial reconhecer que a industrialização da educação, focada apenas na eficiência e produtividade, pode comprometer a qualidade do ensino e a proximidade entre professor e aluno. A educação deve ser vista como um processo humano, que valoriza a diversidade, o pensamento crítico e o desenvolvimento integral do indivíduo.

É imperativo repensar o ambiente escolar, priorizando o bem-estar emocional e a construção de relações saudáveis. As instituições de ensino devem assumir a responsabilidade de promover uma educação que vá além da simples transmissão de conteúdo, criando um espaço onde os alunos possam explorar seus interesses e potenciais, enquanto desenvolvem habilidades para enfrentar os desafios da sociedade em rede.

20

AS GERAÇÕES Z E ALPHA

A geração Z, frequentemente abreviada como gen Z, é considerada uma força influente na sociedade atualmente, moldando e sendo moldada pelo mundo digital em que nasceu e cresceu. As características distintivas e as tendências que definem essa geração única oferecem opiniões sobre seu impacto na sociedade e no mercado.

A geração Alpha compreende aqueles nascidos a partir de meados dos anos 2010 até meados dos anos 2020. São os filhos da geração chamada de millennial e, em muitos aspectos, representam a vanguarda da sociedade digital. Desde tenra idade, eles estão imersos em tecnologia, crescendo em um mundo onde smartphones, tablets e acesso à internet são tão naturais quanto o ar que respiram.

#Nativos digitais: a era da tecnologia

A geração Z é verdadeiramente a primeira geração a crescer imersa na tecnologia digital. Desde cedo, esses indivíduos foram expostos a smartphones, redes sociais e uma infinidade de dispositivos digitais. Esse ambiente tecnológico moldou não apenas seus hábitos de consumo, mas também sua forma de se comunicar, aprender e interagir com o mundo ao seu redor.

O engajamento ativo em questões sociais e políticas é muitas vezes exposto, por meio das redes sociais e plataformas online. Desde mudanças climáticas até direitos civis, os membros dessa geração estão ampliando suas vozes e lutando por mudanças significativas, demonstrando uma consciência social e ambiental impressionante.

Uma mentalidade empreendedora está profundamente enraizada na geração Z. Esses jovens visionários veem o empreendedorismo como uma via legítima para realizar seus sonhos e impactar positivamente o mundo ao seu redor. De startups inovadoras a empreendimentos online, eles estão moldando o futuro dos negócios com sua criatividade e determinação.

Essa geração abraça a diversidade em todas as suas formas, valorizando a inclusão e a representação de grupos marginalizados. Desafiam ativamente as normas sociais e culturais, viabilizando uma visão mais inclusiva e igualitária da sociedade.

Em suas escolhas de consumo, a geração Z demonstra um forte compromisso com a responsabilidade social e ambiental. Eles preferem marcas e empresas que compartilham seus valores de sustentabilidade, ética e autenticidade, influenciando significativamente o mercado e o comportamento do consumidor.

Apesar de suas muitas qualidades admiráveis, a geração Z enfrenta seus próprios desafios, desde questões de saúde mental até incertezas econômicas. Mas esses jovens demonstram uma resiliência e determinação para enfrentar e superar esses obstáculos, destacando sua capacidade de adaptação e crescimento em face da adversidade.

À medida que avançam para a idade adulta, os membros dessa geração continuam a moldar o mundo ao seu redor com sua inovação, paixão e compromisso com a mudança. O futuro promissor dessa geração promete novas descobertas, desafios e conquistas, deixando uma marca inapagável na história.

#A era da geração Alpha

Desde os primórdios da humanidade, cada geração tem deixado sua marca única na história, moldando o mundo de acordo com suas experiências, valores e avanços tecnológicos. Entretanto, nunca testemunhamos uma geração tão profundamente imersa na era digital quanto a geração Alpha.

Para a geração Alpha, a aprendizagem é uma experiência interativa e multimídia. Desde os primeiros anos, eles estão expostos a uma infinidade de recursos educacionais online, jogos educativos e aplicativos que estimulam o aprendizado em diversas áreas. Escolas e educadores enfrentam o desafio de adaptar seus métodos de ensino para acompanhar essa nova realidade, integrando a tecnologia adequada na sala de aula e incentivando uma abordagem mais colaborativa e orientada para projetos.

Suas habilidades demonstram o diferencial dessa geração, como:

- **adaptação tecnológica rápida** - a geração Alpha possui uma capacidade natural de se adaptar a novas tecnologias. Ela aproveita ao máximo os recursos digitais disponíveis para aprender de forma mais dinâmica e interativa;
- **multitarefa eficiente** - com habilidades de multitarefas desenvolvidas desde cedo, os membros da geração Alpha podem processar várias informações simultaneamente, o que lhes permite absorver conhecimento de maneira mais eficiente em ambientes educacionais diversificados;
- **aprendizagem personalizada** - graças à tecnologia, eles têm acesso a uma vasta gama de recursos educacionais personalizados, adaptados às suas necessidades individuais e estilos de aprendizagem. Isso permite que cada aluno progrida em seu próprio ritmo e explore áreas de interesse específicas.

Enquanto para muitos a tecnologia é vista como uma barreira para a interação social, para a geração Alpha, ela é uma ferramenta de conexão sem precedentes. Redes sociais, jogos online e plataformas de mensagens instantâneas são os principais meios pelos quais eles interagem com seus colegas, independentemente da distância física. Porém, isso também levanta questões sobre os limites entre o mundo digital e o mundo real, bem como preocupações sobre segurança online e saúde mental.

À medida que a geração Alpha amadurecer, enfrentará desafios únicos, desde a adaptação a um mercado de trabalho em constante evolução até o combate às crescentes preocupações ambientais e sociais. Mas também estão surgindo oportunidades inexploradas, novas fronteiras da tecnologia que impulsionam a inovação e redefinem as normas sociais.

Essa geração está destinada a deixar a sua própria marca na história, moldando o mundo de maneiras que ainda não podemos totalmente compreender. Como educadores, pais e membros da sociedade, é nossa responsabilidade entender e apoiar suas necessidades únicas, preparando-a para enfrentar os desafios e aproveitar as oportunidades que a aguardam nesta emocionante era digital.

21

A TEORIA DE MASLOW REVERSA E SEUS IMPACTOS NA EDUCAÇÃO FAMILIAR

A Teoria da Hierarquia de Necessidades de Maslow apresenta o comportamento humano é motivado por cinco necessidades distintas, organizadas de *inferior* para *superior* na hierarquia. Estas necessidades incluem fisiologia, segurança, amor, relacionamentos, afetivo-social, estima e autorrealização. Essas necessidades devem ser atendidas sequencialmente, com as mais básicas sendo satisfeitas primeiro.

Apesar disso, quando se discute a terceirização da educação das famílias para as escolas, surge a ideia da Teoria de Maslow Reversa. Essa teoria propõe uma abordagem inversa, argumentando que a autorrealização deve ser alcançada antes de satisfazer as necessidades mais básicas. Essa abordagem coloca ênfase na realização pessoal, saúde mental, priorização da família e segurança financeira.

A terceirização da educação tem profundas consequências no desenvolvimento dos indivíduos e na sociedade em geral. À medida que os pais se afastam de seu papel na educação de seus filhos, surgem lacunas emocionais e psicológicas. As crianças podem sentir-se abandonadas, com falta de limites e despreparadas para enfrentar os desafios da vida.

É essencial refletir sobre o papel da família na educação dos filhos. A inversão de papéis interfere diretamente na qualidade da educação moral, ética, social e cognitiva das crianças. Os pais são fundamentais para fornecer amor, segurança e orientação aos seus filhos.

A terceirização da educação também tem implicações significativas na sociedade. A falta de envolvimento dos pais pode levar a problemas de saúde mental, falta de responsabilidade social e dificuldades de adaptação.

Para promover uma educação mais completa e saudável, é importante que as famílias desempenhem um papel ativo na vida educacional de seus filhos. Isso envolve o estabelecimento de ambientes seguros e estruturados, bem como o fortalecimento dos laços familiares e dos valores morais.

Enfrentamos desafios significativos na busca por uma educação mais equilibrada e integral. É necessário um esforço conjunto de pais, educadores e profissionais da saúde mental para garantir que as necessidades emocionais, sociais e cognitivas dos jovens sejam atendidas adequadamente.

#Avaliações educacionais e pesquisas: ferramentas para aprimorar o ensino

As avaliações e as pesquisas nos ajudam a delinear, com uma investigação mista, qualitativa e quantitativa. A importância dessa abordagem combinada e sua aplicação nessas avaliações traz as representações sociais, especificamente no contexto da terceirização da educação, e suas implicações para famílias e escolas.

Para compreendermos em sua totalidade, é essencial discutir os fundamentos que a sustentam, examinar o processo sistemático e empírico aplicado ao estudo de fenômenos sociais, enfatizando a importância de direcionar o conhecimento para o desenvolvimento social.

Uma análise detalhada das fontes bibliográficas é fundamental para fundamentar essas avaliações e para entendermos o que estamos buscando de fato e como aplicaremos as melhorias após os resultados.

O embasamento teórico é essencial para orientar a pesquisa e a avaliação. Exploramos as teorias e conceitos da Psicologia Social, especialmente no que diz respeito às representações sociais, à terceirização da educação e ao papel da família e da escola nesse contexto.

#Filosofia da metodologia mista

O pragmatismo é destacado como uma orientação alinhada à integração de múltiplas perspectivas e abordagens na pesquisa.

Os resultados das avaliações e pesquisas sobre a metodologia mista costumam ser divididos entre análises qualitativas e quantitativas, descrevendo as respostas dos participantes, bem como os dados numéricos obtidos e analisados por meio de gráficos e planilhas.

Após as análises e conclusões, são finalmente apresentados, recapitulados os principais achados e delineadas possíveis direções para pesquisas futuras. Também refletimos sobre a importância dos resultados para a promoção de uma sociedade fundamentada em princípios de autonomia, altruísmo e justiça.

22
MAPEANDO A EDUCAÇÃO: CARACTERÍSTICAS E METODOLOGIA DE ESTUDO

As análises realizadas destacam escolas selecionadas. Por meio disso trabalhamos para identificar as suas características utilizando metodologias para estudo.

Em uma pesquisa realizada em três instituições de ensino localizadas na cidade de Chapecó, no estado de Santa Catarina, foram escolhidas uma escola municipal, uma escola estadual e uma escola particular, a fim de se obter uma perspectiva ampla e variada do fenômeno em estudo.

A escola de educação básica é uma instituição estadual, em uma área com uma população de aproximadamente 60 mil habitantes e que teve um crescimento significativo nos últimos anos em Chapecó. Essa escola oferece o ensino médio e conta com 1.189 alunos, além de 130 profissionais entre direção, supervisão, coordenação, administrativo, docente, serviços gerais e zeladoria.

Já a escola municipal atende 276 alunos e conta com 23 professores, um gestor e três profissionais na equipe pedagógica.

A terceira instituição é uma escola pública que oferece educação da pré-escola ao nono ano do ensino fundamental, com 360 alunos matriculados.

A metodologia utilizada foi a de campo misto, que combina métodos quantitativos e qualitativos para obter uma compreensão mais completa do fenômeno estudado. Essa abordagem permite explorar diferentes aspectos do problema em investigação, tirando partido dos pontos fortes de ambas as abordagens.

Nos métodos mistos, o investigador recolhe e analisa rigorosamente os dados qualitativos e quantitativos, combinando-os sequencialmente ou simultaneamente, conforme necessário. Essa abordagem permite que os procedimentos sejam estruturados de acordo com pontos de vista filosóficos e teóricos, enriquecendo, assim, o estudo.

Os resultados das representações sociais sobre a externalização da educação das famílias para as escolas são analisados por uma equipe de gestão. Os dados coletados condizem com a administração, os professores e os pais ou responsáveis.

A equipe de gestão manifesta preocupação com a externalização da educação, salientando a mudança significativa do papel das famílias na educação dos seus filhos. Verifica-se uma tendência crescente para delegar essa responsabilidade à escola, atribuída a vários fatores, como o aumento da presença das mulheres no mercado de trabalho e as alterações na estrutura familiar. É sublinhada a importância de uma parceria entre a família e a escola para assegurar o desenvolvimento integral das crianças e dos jovens.

Os pais expressam cada vez mais uma crescente preocupação com o papel das escolas na educação de seus filhos, refletindo uma mudança significativa ao longo das últimas décadas. Com a vida moderna cada vez mais agitada, muitas famílias se veem com dificuldades para dedicar tempo suficiente à formação educacional de seus filhos. Isso resulta na tendência de delegar essa responsabilidade às instituições escolares, vistas como capazes de proporcionar um ambiente propício para a aprendizagem formal.

Entretanto, os pais reconhecem que a educação não se limita ao ambiente escolar. Eles enfatizam a importância do papel da família na transmissão de valores, princípios éticos e na construção de um vínculo emocional sólido com seus filhos. A convivência diária, o exemplo dos pais e a comunicação aberta são elementos fundamentais para o desenvolvimento saudável de crianças e adolescentes.

Considerando essencial manter uma comunicação aberta com a escola, os pais, podem participar ativamente das atividades escolares e estar presentes na vida de seus filhos. Eles entendem que essa parceria entre família e escola é fundamental para garantir um desenvolvimento integral e equilibrado das crianças, em que ambos os ambientes educacionais se complementam. Assim, ao trabalhar em conjunto, pais e escola podem proporcionar uma educação mais completa e adequada às necessidades individuais de cada criança e adolescente.

Os professores também partilham as suas opiniões sobre a externalização da educação, salientando que a escola está cada vez mais assumindo responsabilidades que tradicionalmente pertenciam às famílias. Em consequência, a carga adicional que esse fato coloca nos professores os deixa sobrecarregados, com múltiplas responsabilidades escolares e de conhecimento, bem como a falta de estruturas familiares para muitos dos alunos.

A equipe tende a destacar seus resultados, apresentando até mesmo o impacto significativo da tendência na saúde mental e no bem-estar dos estudantes, que não têm os parâmetros familiares necessários e enfrentam uma fragilidade emocional considerável. Os alunos podem manifestar uma série de problemas emocionais e comportamentais, como ansiedade, baixa autoestima e desmotivação, devido à falta de orientação e apoio familiar.

Os desafios colocados à educação devido a essa crescente externalização demonstram a necessidade de uma estreita colaboração entre os responsáveis e a escola, bem como a importância de reafirmar o papel fundamental dos responsáveis na formação e no desenvolvimento das crianças. Além do mais, questiona-se como pode a escola cumprir a sua função educativa sem uma base sólida proporcionada pelo ambiente familiar.

#Melhorar a educação: a perspectiva dos pais

As valiosas sugestões dadas pelos pais são absorvidas para melhorar a educação dos seus filhos sem depender da externalização da escola. Por meio de investigações exaustivas, que incluíram métodos qualitativos e quantitativos, obtivemos conhecimentos valiosos que lançam luz sobre como a comunidade educativa pode avançar para uma educação mais eficaz e centrada no aluno.

Combinando a participação e o empenho dos pais com os métodos de pesquisa, obtivemos algumas respostas para as perguntas feitas por um questionário. Os pais apresentaram uma série de sugestões para enriquecer o processo educativo dos seus filhos. Essas sugestões incluem:

- **envolvimento parental** - os pais defendem um maior envolvimento no cotidiano dos seus filhos, reconhecendo a importância do seu papel no desenvolvimento educativo;
- **valorização dos profissionais** - é destacada a importância da valorização dos profissionais de educação, reconhecendo sua dedicação e seu contributo para o processo de aprendizagem;
- **melhoria das estruturas escolares** - sugere-se a criação de melhores estruturas escolares para criar um ambiente propício à aprendizagem;
- **concursos públicos e valorização salarial** - propõe-se a realização mais frequente de concursos públicos e a valorização salarial dos profissionais da educação para melhorar a qualidade do ensino;
- **fortalecimento do ensino público** - defende-se o fortalecimento do ensino público via políticas educacionais sólidas e maior investimento em programas educacionais.

#Percepções sobre a educação

As respostas dos pais revelam uma série de preocupações e aspirações relativamente à educação dos seus filhos. Embora reconheçam o papel fundamental da escola no desenvolvimento dos seus filhos, também expressam a necessidade de um maior envolvimento e apoio dos pais. Sublinham a importância de valores como a ética e a moral, bem como o desejo de que os seus filhos tenham acesso a uma educação de qualidade que lhes proporcione oportunidades para o futuro.

A investigação também identificou desafios significativos enfrentados pelos pais na tentativa de se envolverem ativamente na educação dos filhos. A falta de tempo e de recursos, além do trabalho e das exigências domésticas, surgem como obstáculos importantes. Assim, apesar desses desafios, os pais mostram um empenho contínuo no bem-estar e no sucesso académico dos seus filhos.

Os resultados sublinham a importância de parcerias fortes entre pais, educadores e comunidades para melhorar a qualidade da educação. Ao implementar as sugestões fornecidas pelos pais e ao abordar os desafios identificados, podemos avançar para um sistema educativo mais inclusivo, equitativo e eficaz para todas as crianças e jovens.

#O processo educativo e a importância do diálogo

O processo educativo é um empreendimento coletivo em que tanto os educadores como os educandos desempenham papéis fundamentais. Nesse processo, "quem ensina aprende ao ensinar e quem aprende ensina ao aprender". Essa noção realça a natureza interativa e dinâmica da educação, em que a troca de conhecimentos e experiências é essencial para o crescimento pessoal e coletivo.

É essencial compreender que os seres humanos estão constantemente divididos entre o silêncio e a fala. A capacidade de ouvir atentamente é importante para captar significados subjacentes não expressos verbalmente. A verdadeira escuta exige mais do que simplesmente ter ouvidos; exige o silenciamento da alma para perceber o que não é explicitamente comunicado, seja por gestos ou outras formas de expressão.

A prática da escuta sensível torna-se um instrumento valioso para promover o diálogo respeitoso e solidário entre educadores, pais e pesquisadores, enfrentando, assim, o desafio contemporâneo de construir espaços de encontro e reflexão. O diálogo é fundamental para a humanização, por permitir que os indivíduos falem sobre o mundo e partilhem as suas experiências significativamente.

O diálogo surge como um conceito central e uma prática essencial na educação para a libertação, alertando os educadores para a necessidade de adotarem uma postura humilde que reconheça o conhecimento prévio e a experiência dos aprendentes. Para o aluno, o diálogo autêntico implica uma relação horizontal em que tanto o educador como o educando enriquecem-se mutuamente.

Na situação que o pensamento conceitualiza a comunicação como um princípio transformador que capacita o indivíduo a ser o protagonista da sua própria história, esse entendimento implica uma relação dialética entre os seres humanos, a natureza e a cultura, facilitada pela interação com os outros. A consciência crítica desenvolve-se por meio da prática reflexiva e da ação consciente no mundo.

Esse método aprofunda os princípios de humanização, destacando a importância da luta contra a opressão, o compromisso com a mudança social, o respeito à diversidade humana e o uso ético da ciência e da tecnologia para o bem-estar coletivo.

A pesquisa de campo revela a crescente externalização da responsabilidade educativa das famílias para as escolas. Esse fenômeno, embora compreensível dadas as exigências socioeconômicas, coloca desafios significativos ao envolvimento dos pais e ao bem-estar emocional dos alunos.

À medida que a educação se torna um encargo partilhado entre a escola e a família, é imperativo procurar soluções de colaboração que promovam uma educação de qualidade e uma maior igualdade de oportunidades para todos os alunos. A união entre escola, família e comunidade é essencial para garantir um desenvolvimento humano.

O diálogo, a escuta ativa e o envolvimento coletivo são pilares fundamentais para a construção de um sistema educativo inclusivo e transformador, que promova o desenvolvimento integral de cada indivíduo e contribua para o avanço da sociedade.

23
REPRESENTAÇÕES SOCIAIS NA EDUCAÇÃO

As representações sociais exercem uma influência profundamente arraigada nas dinâmicas educativas de uma comunidade, moldando não apenas a percepção coletiva sobre diversos aspectos da educação, mas também influenciando diretamente a maneira como o processo educativo é conduzido e percebido. Essas representações, enraizadas em crenças, valores e atitudes compartilhadas pelos membros da comunidade em relação à educação, seus objetivos e suas práticas, desempenham uma função importante na interação entre indivíduos e grupos sociais e nas relações com as instituições educativas.

Por exemplo, quando uma comunidade valoriza positivamente o ensino superior como um caminho essencial para o sucesso profissional, é comum observar um maior apoio e incentivo por parte dos pais e da comunidade em geral para os jovens buscarem essa forma de educação. Essa valorização positiva motiva os estudantes, além de influenciar as políticas educacionais locais, estimulando investimentos em programas de acesso à educação superior e parcerias entre instituições de ensino e empresas locais.

Porém, quando as representações sociais em uma comunidade são negativas em relação à escola, percebendo-a como um ambiente hostil ou pouco eficaz na preparação para o futuro, isso pode desencorajar a participação ativa dos alunos e contribuir para taxas de evasão escolar mais altas. Essa percepção negativa pode ser alimentada por experiências passadas, falta de recursos adequados nas escolas ou pela ausência de diálogo e colaboração entre pais, educadores e gestores escolares.

As representações sociais também exercem a missão de formular políticas educacionais, influenciando decisões sobre currículo, métodos de ensino, alocação de recursos e formação de professores. Compreender e analisar as representações sociais presentes em uma comunidade são, portanto, fundamentais para promover uma educação inclusiva, equitativa e eficiente, capaz de atender às necessidades e expectativas de todos os envolvidos no processo educativo.

As interações sociais têm uma importância fundamental na formação das representações individuais e coletivas. Quando os indivíduos interagem em grupos, trocam ideias, experiências e pontos de vista, isso influencia diretamente a construção de suas representações sobre a educação. O diálogo é essencial nesse processo, já que é por meio dele que as pessoas compartilham suas perspectivas, confrontam diferentes pontos de vista e negociam significados. Dessa forma, o diálogo proporciona a construção coletiva de significados e contribui para a formação de representações mais abrangentes e diversificadas, fundamentais para o fortalecimento da comunidade educativa.

#Atitudes na educação: perspectivas compartilhadas

As representações sociais englobam uma variedade de elementos que moldam a percepção coletiva sobre o processo educativo. Entre esses elementos, destacam-se:

- **crenças sobre a importância da educação** - crenças que refletem a convicção compartilhada pela comunidade sobre o valor inerente da educação no desenvolvimento individual e social. Representações positivas nesse aspecto tendem a possibilitar um ambiente de apoio e incentivo à busca do conhecimento, enquanto representações negativas podem levar à desvalorização do papel da educação;
- **percepções sobre os objetivos educacionais** - as representações sociais incluem visões comuns sobre propósitos e metas da educação. Isso pode abranger desde a preparação

para o mercado de trabalho até o desenvolvimento integral dos indivíduos como cidadãos ativos e críticos na sociedade;

- **atitudes em relação às instituições educativas** - envolvem a percepção coletiva sobre as escolas, universidades e outros ambientes educacionais. Representações sociais positivas podem contribuir para uma confiança maior nas instituições e no sistema educacional, enquanto representações negativas podem gerar desconfiança e falta de engajamento;

- **valores associados à educação** - os valores compartilhados pela comunidade em relação à educação podem influenciar as prioridades e escolhas educacionais. Isso pode incluir a valorização do conhecimento, da igualdade de oportunidades educacionais e do respeito pela diversidade;

- **experiências passadas e histórico educacional** - as experiências individuais e coletivas passadas se tornam importantes na formação das representações sociais. Experiências positivas podem fortalecer a confiança no sistema educacional, enquanto experiências negativas podem gerar desconfiança e ressentimento.

Essas representações sociais são construídas a partir de um conjunto complexo de crenças, percepções, atitudes, valores e experiências compartilhado pela comunidade. Elas não apenas moldam como a educação é percebida e valorizada, mas também influenciam as políticas educacionais, as práticas pedagógicas e as interações entre os diferentes atores do sistema educacional.

EPÍLOGO

As mudanças e transformações que permeiam nossa sociedade atualmente afetam diversos aspectos, com repercussões diretas na educação das crianças e dos jovens. Esses desafios são persistentes ao longo do tempo e exigem uma análise profunda por parte da sociedade. Os resultados deste estudo, que explora a percepção da educação atual e aponta o crescimento da terceirização como um ponto de discussão crucial, evidenciam a relevância desse tema.

Os profissionais da área de educação ressaltam o retorno positivo do envolvimento dos pais na vida escolar de seus filhos. Reconhecidos como a base na construção da moral e dos valores familiares, os pais exercem um papel fundamental para o desenvolvimento de indivíduos relevantes para a sociedade.

A pesquisa realizada em três escolas do município de Chapecó teve como objetivo coletar dados para examinar as hipóteses propostas, como a influência do mundo VUCA na ausência dos pais na educação dos filhos e as consequências da externalização, além de combinar métodos quantitativos e qualitativos, envolvendo administrativo, pais e professores, fornecendo uma análise baseada em bibliografias amplas sobre o tema.

É destacada a importância da participação ativa dos pais na vida escolar de seus filhos e reforçada a necessidade de uma parceria efetiva entre família e escola. É fundamental que a educação seja encarada como uma responsabilidade compartilhada, onde tanto o ambiente familiar quanto o escolar desempenham papéis complementares na formação integral de crianças e jovens.

Sendo assim, a pesquisa proporcionou uma avaliação significativa da realidade das escolas, abordando temas pertinentes e em evidência, que envolvem os professores, os pais e a sociedade como um todo, contribuindo para uma compreensão mais profunda dos desafios enfrentados na educação e formação das futuras gerações. É fundamental que as famílias engajem-se ativamente na vida educacional de seus filhos, por serem elas que, desde cedo, influenciam o desenvolvimento do caráter e dos valores que moldarão o futuro da sociedade.

REFERÊNCIAS

Abreu, L., & Baptista, A. (2020). **Avaliação da educação especial no Brasil: desafios e perspectivas.** Revista Brasileira de Educação Especial. https://doi.org/10.1590/s1413-65382020000300015.

Abreu, M., & Sousa, P. (2018). **Projetos integrativos em educação: uma revisão.** Revista de Educação.

Almeida, S. F. (2020). **Parentalidade distraída: reflexões sobre a influência tecnológica na formação de crianças e adolescentes.** Estudos interdisciplinares em psicologia.

Aluno que matou o professor. (2023). https://noticias.r7.com/sao-paulo/aluno-que-matou-professora-ja-havia-ameacado-de-morte-colega-dois-meses-antes-do-ataque-28032023.

Andrade, T. (2020). **Psicologia e Educação: Teoria e Prática.** Pearson.

Aranha, M. L. A., & Martins, M. H. P. (2003). **Temas de Filosofia** (2ª ed. revista). Moderno.

Aredth, R. (2003). **Aprendizagem baseada em problemas.** Pearson Prentice Hall.

Arendt, H. (2005). **Entre o passado e o futuro** (2ª ed.). Perspectiva.

Barreto, C. (2020). **A relevância da ética, dos valores e da educação familiar.** https://www.jardimdasideias.com.br/etica-familiar-valores-educacao.

Barros, A. (2021). **Perfil da violência nas escolas públicas brasileiras: um estudo baseado no Relatório Especial Brasil 2018.** Contexto.

Bastos, G. (2017). Ética, alienação e liberdade. Estudos Avançados, 31(90), 87-102. https://www.scielo.br/pdf/ea/v31n90/0103-4014-ea-31-90-0087.pdf.

Biagi, M. C. (2012). Pesquisa científica: Roteiros práticos para o **desenvolvimento de projetos e teses** (1ª ed.). Juruá.

Bom coração, E. (2013). **A Grande Depressão: Como as Mulheres Sofreram.** https://www.thoughtco.com/the-great-depression-how-women-suffered-1779446.

Brandão, C. R. (1987). **Qué es la educación.** (19ª ed.). Brasiliense.

Brandão, C. R. (1999). **Participación-Investigación: Repensar la Investigación Participante.** Brasiliense.

Brandão, C. R. (2007). ¿Qué es la educación? Brasiliense.

Brasil (1996). Lei nº 9.394 de 20 de dezembro de 1996. Estabelece as diretrizes e bases da educação nacional. https://www.planalto.gov.br/ccivil_03/leis/l9394.htm.

Brasil. (2020). **Lei nº 13.257, de 16 de março de 2016.** Dispõe sobre as políticas públicas para a primeira infância e altera a Lei nº 8.069, de 13 de julho de 1990 (Estatuto da Criança e do Adolescente), o Decreto-Lei nº 3.689, de 3 de outubro de 1941 (Código de Processo Penal), a Consolidação das Leis do Trabalho (CLT), aprovada pelo Decreto-Lei nº 5.452, de 1º de maio de 1943, a Lei nº 11.770, de 9 de setembro de 2008, e a Lei nº 12.662, de 5 de junho de 2012. https://www.planalto.gov.br/ccivil_03/_ato2015-2018/2016/lei/l13257.htm.

Brasil. Senado Federal. (2020). **Projeto de Lei nº 11/2015.** Requer, nos termos do art. 93, inciso I, combinado com art. 104-B, do Regimento Interno do Senado Federal, a realização de Audiência Pública no âmbito desta Comissão de Agricultura e Reforma Agrária, para debater a demarcação de reservas indígenas no Brasil, bem como os possíveis impactos sobre a agricultura brasileira, com a presença do Exmo. Senhor Ministro de Estado da Justiça, bem como do Presidente da FUNAI. Senado Federal. https://www25.senado.leg.br/web/atividade/materias/-/materia/111351.

Brum, N. S., & Oishi, S. (2019). **Quociente Emocional na Educação Familiar: Um Guia para Pais e Educadores.** Penso.

Busher, B. (2019). **Não basta apenas fornecer comida para seus filhos; Você também precisa dar-lhes alimento para o Espírito.** http://www.barbarabusher.com/own-son-elected-president.

Campos, J. C., & Carvalho, H. A. (1983). **Psicologia do desenvolvimento: influência da família.** EDICOM.

Capellatto, I. (2018). **Cuidado, afeto e limites: uma combinação possível.** Editora Paulus.

Colhereiro, F., & Heyne, D. (2014). **Desenvolvendo a autonomia em jovens: uma perspectiva psicológica**. Sage.

Cunha, M. L. (2010). **Estilos parentais: Um estudo comparativo da influência de estilos parentais autoritário e permissivos na construção da identidade e autoestima na adolescência**. Universidade de Coimbra.

Cunha, R. E. (2011). **Proyecto Integrador: Teoría y Práctica**. Cortez.

Cury, A. (2014). **Aprendendo a educar com amor: Educação para um mundo melhor**. Best Seller.

Datafolha. (2018). **Terceirização da creche na primeira infância no Brasil**. https://www12.senado.leg.br/noticias/materias/2018/09/25/terceirizacao-dos-cuidados-infantis-na-primeira-infancia-no-brasil.

De la Taille, Y. (2006). **Moral, ética e direito**. Paulus.

Descartes, R. (2004). **Meditações sobre Filosofia Primeira**. (Fausto Castilho, trad.). Editora da Unicamp. (Obra original publicada em 1641).

Dodge, B. (2009). **Aprendizagem baseada em projetos: história, desenvolvimento, princípios e práticas**. https://www.pbl.org/pbl-history.

Durkheim, É. (1975). **Educación y sociedad** (10ª ed.). Melhoramentos.

Durkheim, E. (2010). **Da divisão do trabalho social** (4ª ed.). Martins Fontes.

Fead, J. (2016). **Como estimular a comunicação entre pais e filhos**. https://www.familytoday.com/parenting/how-to-stimulate-communication-between-parents-and-children/.

Fernandes, P. (2020). É verdade que o QEQ não permite que os professores mudem o currículo? https://soeducacao.com.br/noticias/e-verdade-que-o-mec-nao-permite-que-os-professores-mudem-o-curriculo/.

Ferreira, B. (2018). **O dilema na educação: o papel fundamental da reflexão**. Porto Editora.

Fischer, R. (1985). **Os papéis das mulheres na América do século XIX**. Greenwood Press.

Freire, P. (1970). **Pedagogia do oprimido**. Civilização Brasileira.

Freire, P. (2000). **Pedagogia da indignação: cartas pedagógicas e outros escritos**. UNESP.

Freire, P. (2012). **Pedagogia da autonomia: saberes necessários à prática educativa**. Paz e Terra.

Freire, P. (2015). **Extensión o comunicación**. Paz e Terra.

Freire, P. (2017). **Pedagogia do Oprimido**. Paz e Terra.

Freitas, M., Carvalho, P. (2013). **A educação nos séculos XVIII e XIX. História da Educação**, 1, 01-14.

Fundação de Apoio à Escola Inclusiva. (2020). **Efeitos de altas porcentagens de alunos com TEA na educação**. https://faei.org.br/efeitos-das-altas-porcentagens-de-alunos-com-tea-na-educacao.

Fundação Getúlio Vargas. (2019). **Pesquisa sobre Terceirização Infantil**. https://www.fgv.br/fgvprojetos/pesquisa-sobre-terceirizacao-da-primeira-infancia/downloads/Pesquisa-sobre-terceirizacao-da-primeira-infancia-FGV.pdf.

Fundo das Nações Unidas para a Infância. & Instituto Gallup. (2021). **O Estado das Crianças do Mundo**. https://www.unicef.org/brazil/pt/reports/situation-world-children-2021-na-minha-mente.

Furter, P. (1973). **Educação continuada e desenvolvimento cultural. Na Educação e na atualidade**. Petrópolis.

Gadotti, M. (1999). **Pedagogía de la praxis** (2ª ed.). Cortez.

Galvão, M. R. (2014). **Aprendizaje y desarrollo: temas y teorías**. Editora Pedagógica e Universitária.

Gauderer, M. (2011). **Tratamento da comunicação e interação social em crianças com autismo**. Atheneu.

Giroux, H. A. (2015). **A cultura da nova escola: ideologia, poder e resistência na educação**. Vozes.

Goldbach, F. (2020). **O que a crise nos ensina sobre educação**. Blog Educando para crescer. https://educarparacrescer.abril.com.br/escola/o-que-a-crise-nos-ensina-sobre-educacao/.

Gomes, E. A. (2011). **História da educação: da Grécia antiga ao século XXI** (1ª ed.). Atlas.

Gomes, T. (2020). **A evolução da educação desde o século XVIII.** https://www.portaleducacao.com.br/conteudo/artigos/educacao/a-evolucao-da-educacao-desde-o-seculo-xviii/67303.

González, A. (2020). **O que é realismo fenomenológico?** https://filosofiaemexame.com.br/realismo-fenomenologico/.

González-Forteza, C., & Pérez-del-Valle, C. (2014). **Adolescentes, depressão e escola.** Revista Papel da Enfermagem, 37(4), 229-233. https://doi.org/10.4321/S0212-71992014000400005.

Grogan-Kaylor, A. (2015). **O impacto da Grande Depressão nas mulheres e famílias nos EUA.** https://www.aerc.org/wp-ontent/uploads/2017/10/Grogan-Kaylor_2015_ Depression.pdf.

Guimarães, A. (2018). **Projetos pedagógicos: fundamentos, estratégias e aplicações.** Vozes.

Gunther, A. (2006). **Casos de estudio.** Pioneira Thomson.

Harkaway, N. (2008). **A rede de sombras.** William Heinemann.

Heidegger, M. (1977**). La cuestión tecnológica**. In D. F. Krell (Ed.), Martin Heidegger: Escritos Básicos (pp. 317-341). Harper Collins.

Instituto Brasileiro de Geografia e Estatística. (2019**). Estudo Nacional de Saúde do Escolar (PeNSE).** https://www.ibge.gov.br/estatisticas/sociais/educacao/9183-estudo-nacional-de-saude-do-escolar-pense.html?=&t=resultados.

Instituto de Estudos e Pesquisas. (2017). **Depressão na Adolescência: Estudo de prevalência e fatores de risco.** http://www.inep.gov.br/web/guest/pesquisa/depressao-na-adolescencia-estudo-de-prevalencia-e-fatores-de-risco.

Instituto de Pesquisa de Abuso de Drogas. (2011). Estabelecer laços de confiança entre pais e filhos. Resumo da pesquisa.

Kaku, M. (2015). **Emoções, ciência e o que nos torna únicos.** TEDxMidAtlantic. https://www.youtube.com/watch?v=euke7vq3p6o.

Karnal, L. (2011). **Educação para o futuro: A importância da educação para o desenvolvimento humano.** Paulus.

Kirkup, G. (2018). **O que é a sociedade em rede?** https://www.bbc.com/portuguese/ciencia-44220139.

Klein, P. (2019). **Racionalismo: O que é e quais são os principais conceitos?** https://www.pensador.com/o_que_e_racionalismo/.

Kleinman, S. (2015). **Evolução humana: interações sociais que moldaram a humanidade.** Scientific American. https://www.scientificamerican.com/article/human-evolution-social-interactions-shaped-humanity/.

Kostek, M. A., & Anderson, D. R. (2016). **Desenvolvimento infantil na era das mídias digitais: uma abordagem baseada nos pais.** Springer.

Kühn, K. (1962). **Programa de Projetos de Ação Educativa.** Verlag Maier.

Leme, E. (2006). Autoridades en la infancia. Editora Nova. Li, H., & Zhang, Y. (2020). **O impacto do modelo tradicional de ensino na saúde psicológica de estudantes: uma pesquisa com estudantes do ensino fundamental e médio.** Natureza, 585, 535-541. https://doi.org/10.1038/s41598-020-69123-z.

Lima, J. de C. (2021). **Os pais aprendem a criar os filhos durante o isolamento social provocado pela Covid-19.** Brasil Escola. https://brasilescola.uol.com.br/educacao-infantil/educacao-infantil-durante-isolamento-social.htm.

Lipman, M. (1997). **Pensar com qualidade: um guia para o ensino do pensamento crítico. Heinemann.**

Lukas, D. (2013). **Educação de primatas: como as interações sociais moldaram a espécie humana.** National Geographic. https://www.nationalgeographic.com/science/article/education-primates-human-ancestors-social-interactions-species-development.

Luzuriaga, L. (1986). **História da educação e da pedagogia.** Pioneira.

Maja, M. (2020). **A importância da educação a distância durante a pandemia.** https://www.metodoea.com.br/ensino-a-distancia-importancia/.

Mantovani, F. (2022). **Infoxicação: Como parar a sobrecarga de informações.** Exame. https://exame.com/colunistas/sua-carreira-sua-gestao/infoxicacao-como-frear-o-excesso-de-informacao.

Maomé, E. (s.d.). **Aquecimento global.** https://www.edgarmohan.com/aquecimento-global/.

Marques, A. C. (2015). **História da educação: da Grécia antiga à idade moderna** (1ª ed.). Pioneira.

Martins, M. S. (2006). **Educação e Justiça Social: Contribuições para uma Sociedade Mais Justa** (2ª ed.). Ministério da Educação.

Mazão, A. (2018). **Projetos Integradores Ativos**. Artmed.

Medeiros, J. B. (2000). **Escrita científica: a prática de arquivos, resumos, resenhas**. Atlas.

Menezes, R. M. (2012). **Autismo: teorías y prácticas**. Vetor.

Ministério da Saúde. (2020). **Prevalência de TEA no Brasil**. http://www.saude.gov.br/noticias/agencia-saude/44164-prevalencia-de-tea-no-brasil.

Moraes, C. M. (2012). **Educação humanizada: propostas para o século XXI**. Revista do Discurso e da Sociedade, 2(2), 5-14.

Mosé, L. A. (2013). **O que é educação**. Paulus.

Motta, N. S. (1984**). Ética e vida profissional.** Campo Cultural.

Munz, A. (2019). **Por que é importante que a criança tenha um repertório neurológico de frustração?** https://www.guiainfantil.com/desarrollo-infantil/por-que-es-importante-la-criana-tener-un-repertorio-neurologico-de-frustracion/.

Oliveira, M. L. B., & Ferreira, A. M. (2012). **O envolvimento dos pais na vida escolar de seus filhos.** Revista Brasileira de Educação, 17(53), 589-608.

Oliveira, N. (2020). **Como a marginalidade afeta a educação nas escolas privadas**. G1. https://g1.globo.com/educacao/noticia/como-a-marginalidade--afeta-a-educacao-nas-escolas-particulares.ghtml.

Organização das Nações Unidas para a Educação, a Ciência e a Cultura (2020). Índice de Desenvolvimento Educação para Todos 2020. https://en.unesco.org/themes/education-development/idea/2020-rankings.

Organização das Nações Unidas para a Educação, a Ciência e a Cultura (2017). **Educação para todos: Diagnóstico nacional sobre saúde mental, desmotivação e evasão escolar.** https://unesdoc.unesco.org/ark:/48223/pf0000242748.

Prazeres, L. (2021). **Parentalidade distraída: o que é, causas e consequências**. https://ideaescoladedireito.com.br/parentalidade-distraida-o-que-e-causas-e--consequencias/. Preço, J. (2020). Bullying e Saúde Mental. WebMD. https://www.webmd.com/children/features/bullying-and-mental-health#1.

Professores estão afastados (2020, 20 de outubro). Exame. https://exame.com/brasil/professores-se-afastam-por-saude-mental-em-meio-a-violencia-nas-escolas/.

Puig-Antich, J. (1986). **Avaliação clínica e diagnóstica dos transtornos afetivos em crianças e adolescentes.** Brunner/Mazel.

Queiroz, C. A. (2005). **História da educação:** da Grécia clássica à moderna (1ª ed.). Cortez.

Raffaele, F. (2018). **O que é educação de primatas?** ScienceDirect. https://www.sciencedirect.com/topics/neuroscience/primatology-education.

Rosa, C. (2020). **Deserção emocional na educação: o que é e suas consequências.** https://blog.opoia.com.br/desistencia-emocional-na-educacao-o-que-e-e-suas-consequencias/.

Salles, M. A. (2008). **Paternidade hoje: como educar os filhos na contemporaneidade.** Paulinas.

Santos, D. A. de S. (2020). **Os desafios da escola: educar sem a contribuição dos pais.** https://www.escolaseducacao.com.br/os-desafios-da-escola-educar-sem-a-contribuicao-dos-pais/.

Santos, L. (2008). **Autista de alto funcionamento: aprendizagem e desenvolvimento. Artmed.**

Santos, M. C. (2019). A importância da abordagem individualizada no contexto da educação especial. **Revista Educar e Investigar,** 12(2), 84-97. https://doi.org/10.24816/rep.v12.n2.2019.84-97.

Schwartz, D. L. (2010). **A forma como estamos trabalhando não está funcionando.** Free Press.

Seligman, M. E. (1995). **Aprendizagem e depressão.** Lippincott.Sherr, L. (2015). Saúde mental da criança e do adolescente. Imprensa da Universidade de Oxford.

Siegel, D. J. (1999). **A conexão mente-cérebro: desenvolvendo emoções e relacionamentos saudáveis.** Delacorte Press.

Silva, M. (2016). **Idealismo platônico e educação superior: uma análise.** Revista de Educação, 1(2), 71-88.

Silva, M. A. (2009). **História da Educação: do Mundo Antigo ao Século XXI** (1ª ed.). Contexto.

Silveira, J. M., Magalhães, M. F., C., & Almeida, R. (2019). **Participação dos pais na vida escolar dos filhos: uma análise dos dados das famílias brasileiras.** Anais do XI Encontro Nacional do Grupo de Trabalho Educação, Saúde e Trabalho.

Sociedade Brasileira de Pediatria. (2020). Estudo da Sociedade Brasileira de Pediatria revela que 8,5% das crianças brasileiras têm TEA. http://www.sbp.com.br/noticias/estudo-da-sociedade-brasileira-de-pediatria-revela- que-85-das-crian% C3%A7as-brasileiras-tem-tea.

Sociedade Brasileira de Pediatria. (2021). Tratado de Pediatria. https://www.sbp.com.br/tratado-de-pediatria/.

Spencer, J., & Barnard, A. (2002). **Enciclopédia de Antropologia Social e Cultural.** Routledge.

Spiz, L. E. & Nissen, W. (1983). **Trastorno depresivo en el niño.** In A. J. Freeman & S. H. McFarlane (Eds.), Transtornos depressivos em crianças e adolescentes (pp. 13-48). Editora Roca.

Suler, J. (2004). **O efeito de desinibição online.** Ciberpsicologia & Comportamento, 7(3), 321-326.

Triviños, A. N. S. (1987). **Três abordagens para a pesquisa em ciências sociais: positivismo, fenomenologia e marxismo.** In A. N. S. Triviños (Ed.), Introducción a la Investigación en Ciencias Sociales (pp. 31-79). Atlas.

Universidade Federal de São Paulo. (2019). **Um estudo da Unifesp revela que o TEA é mais comum do que se pensava.** http://www.unifesp.br/noticias/estudo-da-unifesp-revela-que-tea-e-mais-comum-do-que-se-pensava.

Valls, A. (1994). Ética. In A. Valls (Ed.), Obras completas (Vol. 7, p. 7). Alianza Editorial.

Vera Batista, P. (2009). Profª Vera Batista, educadora familiar: "**Os pais têm a importante tarefa de educar seus filhos para serem cidadãos responsáveis e independentes. Eles precisam encontrar um equilíbrio entre vida pessoal e profissional para que possam desenvolver a capacidade de lidar com os problemas e mudanças da vida adulta**". Revista de Educação, Saúde e Meio Ambiente, 5(8), 16.

Volk, M. (2019). **Como criar bem seus filhos em ambientes difíceis.** https://www.verywellfamily.com/criar-bem-seus-filhos-em-ambientes-dificeis-4590254.

Vygotsky, L. S. (1934). Pensamiento y lenguaje. Editora Comissão Estatal de Psicologia.

Wallon, H. (1951). Psicogênese da linguagem e educação. Martins Fontes.

Zhu, L., & Chen, Y. (2020). **Relação entre modelo tradicional de ensino e saúde psicológica em estudantes: um estudo transversal.** PLoS ONE. https://doi.org/10.1371/journal.pone.0238520.